光村図書版 英語3年

音声を webサイトよりダウンロードする
ときのパスワードは『9CKWW』です。

テストの範囲や学習予定日をかこう！

学習計画	
出題範囲	学習予定日
5/14 テストの日	5/10 5/11

Unit 1

School Life Around the World

テストに出る！ ココが要点＆チェック！

受け身の文，let / help＋人・もの＋動詞の原形

教 p.9～p.13

1 受け身の文（復習）

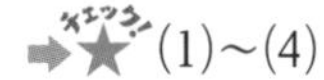
(1)～(4)

ものや人が何かを「されている」という受け身の意味は，〈be 動詞＋動詞の過去分詞〉で表す。動詞の過去分詞は，-ed や -d をつける場合と，不規則に形を変える場合がある。

The classes **are taught** in English or Arabic.　授業は英語またはアラビア語で教えられます。

└►〈be 動詞＋過去分詞〉の形。過去の文では，be 動詞の過去形を用いる

動詞の活用

▶規則動詞

原形	過去形	過去分詞
use	used	used
cook	cooked	cooked
call	called	called

・ed や d をつける
・過去形と過去分詞は同じ形

▶不規則動詞

原形	過去形	過去分詞
make	made	made
teach	taught	taught
become	became	become

・形が不規則に変わる
・過去形と過去分詞で同じ形とは限らない

2 let / help＋人・もの＋動詞の原形

(5)～(7)

「人やものに～させる」と言うときは，〈let＋人・もの＋動詞の原形〉の形で表す。同じ形で help を使うと「人が～するのを手伝う」という意味になる。

Let me **show** you my school.　私に私の学校を案内させてください。

目的語（～に／を）の形　動詞の原形

Our teachers **help** us **prepare** for performances.　私たちの先生たちは私たちが公演の準備をするのを手伝います。

人称代名詞（にんしょう）

	～は	～の	～に／を	～のもの
1人称単数（私）	I	my	me	mine
2人称単数（あなた）	you	your	you	yours
3人称単数（彼）	he	his	him	his
3人称単数（彼女）	she	her	her	hers
3人称単数（それ）	it	its	it	――
1人称複数（私たち）	we	our	us	ours
2人称複数（あなたたち）	you	your	you	yours
3人称複数（彼ら，彼女ら，それら）	they	their	them	theirs

tell＋人＋that＋文

教 p.14～p.15

3 tell＋人＋that＋文

➡チェック!★(8)～(10)

「人に～ということを言う」という意味は，〈tell＋人＋(that)＋文〉で表す。同様に show を使うと，「人に～ということを示す」という意味を表す。that は省略する場合がある。

Ms. Brown **told** us.　It was an interesting website.
ブラウン先生は私たちに言いました。　それはおもしろいウェブサイトでした。

⇩

Ms. Brown **told** us (**that**) it was an interesting website.
→that で文と文をつなぐ。that は省略しても同じ意味を表せる

ブラウン先生はそれはおもしろいウェブサイトだと私たちに言いました。

My friend often **tells** me (**that**) I look happy.
→often(よく，しばしば)や always(いつも，常に)を使うと，日常的に言ったり示したりしている内容について表せる

私の友達は私が幸せそうに見えるとよく言います。

His brother **showed** me (**that**) my answer was right.
→that で文と文をつなぐ。that は省略しても同じ意味を表せる

彼の兄[弟]は私の答えが正しいということを示しました。

☆チェック!　(　)内から適する語を選びなさい。

1
- □ (1) Dinner is (make / made) by my sister.　夕食は私の姉[妹]によって作られます。
- □ (2) This house (is / was) built ten years ago.　この家は 10 年前に建てられました。
- □ (3) Kyoto is (visit / visited) by many tourists.　京都はたくさんの観光客に訪問されます。
- □ (4) She is (loves / loved) by the children.　彼女はその子供たちにとても気に入られています。

2
- □ (5) Let me (explain / to explain) about it.　私にそれについて説明させてください。
- □ (6) John helped me (do / did) my homework.　ジョンは私が宿題をするのを手伝ってくれました。
- □ (7) Please let (I / me) see your bag.　あなたのかばんを私に見せてください。

3
- □ (8) I told you (it / that) the exam was difficult.　私はあなたにそのテストは難しいと言いました。
- □ (9) It shows (we / us) he will be fine.　それは彼が元気になるだろうということを私たちに示します。
- □ (10) My father often tells me (that / and) I should get up early.　私の父は私が早く起きるべきだとよく言います。

☆チェック! の答えは次ページ

解答 p.1

テスト対策問題

テスト対策ナビ

リスニング

♪ a01

1 英文を聞いて，その内容にあう絵をア～ウから１つ選び，記号で答えなさい。

(　　　)

2 (1)～(6)は単語の意味を書きなさい。(7)～(10)は日本語を英語にしなさい。

(1) skill (　　　)　(2) fix (　　　)
(3) twice (　　　)　(4) official (　　　)
(5) across (　　　)　(6) enter (　　　)
(7) 胃 ＿＿＿＿　(8) ～を運ぶ ＿＿＿＿
(9) 千(の) ＿＿＿＿　(10) 十分な ＿＿＿＿

よく出る **3** 次の日本文にあうように，＿＿に適する語を書きなさい。

(1) 私は毎朝歩いて通学します。
I ＿＿＿＿ ＿＿＿＿ school every morning.

(2) 私たちはおのおのコンピュータを持っています。
＿＿＿＿ of us ＿＿＿＿ a computer.

(3) 彼らは毎年劇を上演します。
They ＿＿＿＿ ＿＿＿＿ a play every year.

(4) 彼の家は駅にごく近いです。
His house is ＿＿＿＿ ＿＿＿＿ the station.

(5) 夜に散歩をしてはいけません。
You must not take a walk ＿＿＿＿ ＿＿＿＿.

(6) クラスを５つのグループに分割しなさい。
＿＿＿＿ the class ＿＿＿＿ five groups.

4 次の文の＿＿に，(　)内の語を適する形にかえて書きなさい。

(1) This doll was ＿＿＿＿ in Russia. (make)
(2) The classes are ＿＿＿＿ in Japanese. (teach)
ミス注意！ (3) Lots of fish are ＿＿＿＿ here. (catch)
(4) Hokkaido is ＿＿＿＿ by many people in winter. (visit)
(5) The library was ＿＿＿＿ fifty years ago. (build)

2 重要単語

(3)回数を表す語。

(6)は動詞。

(10)つづりに注意。

3 重要表現

(1)「～へ歩く」と考える。

(2)「おのおの」という意味の単語は単数扱い。

(3) play には「劇」という意味もある。

おぼえよう！

must not
「～してはいけない」
don't have to ～
「～する必要はない」

4 受け身の文

ポイント

受け身の意味は〈be 動詞＋動詞の過去分詞〉で表す。不規則な形に変化する過去分詞に注意する。

p.3 答　(1) made　(2) was　(3) visited　(4) loved　(5) explain　(6) do　(7) me　(8) that　(9) us　(10) that

5 次の英文を読んで，あとの問いに答えなさい。

The classes are ①(teach) ②(______) English or Arabic. We have a big swimming pool. ③［ has / a tablet / each / us / of ］. ④We use this device as a textbook.

(1) ①の( )内の語を適する形になおしなさい。 ______
(2) 下線部②が「英語またはアラビア語で」という意味になるように，( )に適する語を書きなさい。 ______
(3) 下線部③の［ ］内の語句を並べかえて，意味の通る英文にしなさい。

______

(4) 下線部④を日本語になおしなさい。
( )

5 本文の理解

(1)受け身の意味を表す。

(3)「私たちのおのおの」という意味の語句が主語。

(4) as「～として」

6 次の日本文にあうように，____に適する語を書きなさい。

(1) 私に質問をさせてください。
______ me ______ you a question, please.
(2) 私の父は彼が手紙を書くのを手伝いました。
My father helped ______ ______ a letter.
(3) 高橋先生は私が鍵を見つけるのを手伝いました。
Mr. Takahashi helped ______ ______ the key.

6 let / help＋人・もの＋動詞の原形

ミス注意！
let や help の後ろに〈人・もの＋動詞の原形〉を続ける。動詞の原形を使うことに注意する。

7 ［ ］内の語句を並べかえて，日本文にあう英文を書きなさい。

(1) 私の友達はその試験は難しいと私に言いました。
［ me / the exam / hard / was / my friend / told / that ］.

______

(2) ホワイトさんは私たちがさらに多くの本を読むべきだと私たちに言います。
［ tells / us / we / read / Ms. White / more / books / should ］.

______

7 tell＋人＋(that)＋文

(1) exam「試験」

(2) that が省略されている。

8 次の日本文を英語になおしなさい。

(1) その部屋は毎日，生徒たちによって掃除(そうじ)されます。

______

(2) 私は私の母がその箱を運ぶのを手伝いました。

______

8 英作文

ポイント
受け身の文では，by「～によって」を使って，動作主を表すことができる。

テストに出る！
予想問題 Unit 1 ① School Life Around the World

30分　/100点

1 英文と質問を聞いて，その答えとして適するものを１つ選び，記号で答えなさい。　a02　4点×2〔8点〕

(1) ア chair　イ coffee
ウ cup　(　　)

(2) ア Fifty years ago.　イ Five hundred years ago.
ウ On a website.　(　　)

2 次の日本文にあうように，____に適する語を書きなさい。　4点×3〔12点〕

よく出る (1) 奈良は，毎年たくさんの人々によって訪問されます。
Nara ________ ________ by many people every year.

(2) 私のコンピュータは，きのう私の姉によって使われました。
My computer ________ ________ by my sister yesterday.

(3) 今日は私に昼食を作らせてください。
________ ________ cook lunch today.

3 次の英文の____に，□内から適する語を選んで書きなさい。　3点×5〔15点〕

(1) ________ example, you can enjoy shopping in this market.
(2) We are going to divide the class ________ two teams.
(3) You ________ to finish the work today.
(4) The post office is ________ to the bookstore.
(5) You should not stay up late at ________.

need　close　night　for　into

4 〔　〕内の語句を並べかえて，日本文にあう英文を書きなさい。　5点×3〔15点〕

(1) 彼の兄はこの町が好きだと私によく言います。
〔 often / tells / this town / his brother / he / likes / me / that 〕.

____

(2) この本は私の父によって買われました。
〔 my / book / this / father / was / bought / by 〕.

____

(3) エミは私が部屋を掃除(そうじ)するのを手伝ってくれました。
Emi 〔 clean / my / me / room / helped 〕.
Emi ________________________________.

5 次の英文を読んで，あとの問いに答えなさい。〔15点〕

Hi, I'm Caitlin, from Canterbury, in the U.K. ① [you / my / me / show / let / school].

We have classes from 8:00 a.m. to 4:45 p.m. My favorite is drama class. In ② this class, we put on plays or musicals ③ (　　) a (　　).

④ Our teachers help us prepare for performances.

(1) 下線部①の[　]内の語を並べかえて，意味の通る英文にしなさい。〈4点〉

____

(2) 下線部② this class が指すものを本文中の英語 2 語で書きなさい。〈3点〉

________ ________

(3) 下線部③が「年に 2 回」という意味になるように，(　)に適する語を書きなさい。〈4点〉

________ a ________

(4) 下線部④を日本語になおしなさい。〈4点〉

(　　　　　　　　　　　　　　　　　　)

6 次の文を(　)内の指示にしたがって書きかえるとき，____に適する語を書きなさい。

5点×3〔15点〕

(1) Many students use this room every day.（下線部を主語にして，ほぼ同じ意味の文に）

This room ________ ________ ________ many students every day.

(2) Mr. Green wrote this book in Japanese.（下線部を主語にして，ほぼ同じ意味の文に）

This book ________ ________ in Japanese ________ Mr. Green.

ミス注意! (3) English is spoken in this country. （下線部をたずねる文に）

________ language ________ ________ in this country?

7 次の日本文を英語になおしなさい。5点×4〔20点〕

(1) この映画はたくさんのファンに気に入られています。

____

(2) この図書館はいつ建てられましたか。

____

(3) 私はきのう，私の父が車を洗うのを手伝いました。

____

(4) もしあなたが彼を見つけたら，私に知らせてください。

____

 解答 p.3

テストに出る！

予想問題 Unit 1 ② School Life Around the World

30分 /100点

1 対話と質問を聞いて，その答えとして適するものを１つ選び，記号で答えなさい。 a03 〔4点〕

ア He should go to bed early.
イ He should read books.
ウ He likes playing video games.
エ He likes watching TV. (　　)

2 次の日本文にあうように，＿＿に適する語を書きなさい。 3点×6〔18点〕

(1) 私の兄は歩いて通学します。
My brother ＿＿＿＿ ＿＿＿＿ school.

(2) 本を読むことはあなたの脳にとってよいです。
Reading books is good for your ＿＿＿＿.

(3) 私にアボリジナルについて説明させてください。
＿＿＿＿ ＿＿＿＿ explain about Aboriginal people.

(4) あの丘の上に大きな木があります。
There is a big tree on that ＿＿＿＿.

ミス注意！ (5) 私たちには十分な飲み物がありません。
We don't have ＿＿＿＿ drink.

(6) この国の公用語は何ですか。
What is the ＿＿＿＿ ＿＿＿＿ of this country?

3 次の各組の文がほぼ同じ内容を表すように，＿＿に適する語を書きなさい。 5点×5〔25点〕

(1) Ken read the novel last week.
The novel ＿＿＿＿ ＿＿＿＿ by Ken last week.

(2) Did she find this chair?
Was this chair ＿＿＿＿ ＿＿＿＿ her?

(3) They speak French in that area.
French ＿＿＿＿ ＿＿＿＿ in that area.

(4) Hajin asked many questions in the meeting.
Many questions ＿＿＿＿ ＿＿＿＿ by Hajin in the meeting.

ミス注意！ (5) You can buy that fish at the supermarket.
That fish can ＿＿＿＿ ＿＿＿＿ at the supermarket.

4 次の対話文を読んで，あとの問いに答えなさい。 〔20点〕

Kota: What are you ①(look) at?
Tina: It's a website.
It's ②(call) "School Life Around the World."
Eri: ③ Ms. Brown〔 that / was / told / it / us 〕an interesting website.
Hajin: What's on ④ it?
Tina: Look. Students from (⑤) the world introduce their schools.

(1) ①，②の( )内の語を適する形になおしなさい。 4点×2〈8点〉

① ______ ② ______

(2) 下線部③が「ブラウン先生がそれはおもしろいウェブサイトだと私たちに言いました。」という意味になるように，〔 〕内の語を並べかえなさい。 〈4点〉

Ms. Brown ______ an interesting website.

(3) 下線部④が指すものを日本語で書きなさい。 〈4点〉

______

(4) ⑤の( )に入る語を次から選び，記号を書きなさい。 〈4点〉

ア in　イ between　ウ across　( )

5 〔 〕内の語を並べかえて，日本文にあう英文を書きなさい。 5点×3〔15点〕

(1) 私たちは英語を学ぶ必要があります。
〔 English / to / learn / need / we 〕.

______

(2) 彼女は私にこの本は役に立たないと言いました。
〔 was / useful / book / told / she / me / that / this / not 〕.

______

(3) なぜなら，彼らには勉強する時間がないからです。
That〔 they / is / time / don't / because / have / to / study 〕.
That ______.

6 次の日本文を英語になおしなさい。 6点×3〔18点〕

(1) 私の父は私に，私が熱心に練習するべきだとよく言います。

______

やや難 (2) あなたは彼の家が学校の近くにあるということを知っていますか。

______

(3) 彼は彼の母がその犬小屋を建てるのを手伝いましたか。

______

Unit 2

Our School Trip

テストに出る！ ココが要点＆チェック！

現在完了形〈完了〉，疑問文・否定文

教 p.21〜p.25

1 現在完了形〈完了〉

➡チェック！(1)〜(3)

現時点で動作や行為が「〜し終わっている」と言うときは，**現在完了形〈have[has]＋動詞の過去分詞〉**で表す。

We **arrived** in Miyajima yesterday.　私たちはきのう宮島に到着しました。
（arrived：動詞の過去形）

⇩

We **have** finally **arrived** in Miyajima.　私たちはようやく宮島に到着したところです。
（finally：「ようやく」／arrived：動詞を過去分詞に／have：3人称単数のときは has になる）

現在完了形〈完了〉

現在完了形は過去に起こったことが現在に影響を与えている場合に使われる。
完了を表す現在完了形は，「(過去から起こっていた)動作や行為がし終わった」という意味になる。

▶We have arrived in Miyajima.
過去 → 現在
(過去から)移動していて，移動が完了した

▶We arrived in Miyajima.
過去　現在？
(過去に)到着した　現在はどういう状態かわからない

2 現在完了形〈完了〉の疑問文・否定文

➡チェック！(4)(5)

現在完了形の疑問文は，**have[has]を主語の前に置く**。否定文は **haven't[hasn't]を使う**。

肯定文　**I've** already checked my photos.　私はもう私の写真を確かめました。
（I've = I have）

疑問文　**Have** you checked your photos yet?
（have[has]を主語の前に置いて始める）
あなたはもうあなたの写真を確かめましたか。

— Yes, I **have**. / No, I **haven't**.　はい，確かめました。／いいえ，確かめていません。
（haven't：have not の短縮形）

否定文　The tram **hasn't** left yet.　その路面電車はまだ出発していません。
（hasn't：has not の短縮形）

現在完了形〈完了〉でよく使う語

just　ちょうど　　already　もう，すでに
yet　(疑問文で)もう，(否定文で)まだ

▶**現在完了形では，yesterday, last night など，過去の時点を表す語句は単独では使えない**

Have you checked your photos yesterday?（×）
現在完了形は現在について言っているので，過去の時点を表す yesterday(きのう)は使えない。

現在完了形〈経験〉

教 p.26〜p.27

3 現在完了形〈経験〉

→チェック!★(6)(7)

現在完了形の文では，**「〜したことがある」**と**経験**があるかどうかを表すこともできる。

肯定文 I **have** seen him like that.　私はそのような彼を見たことがあります。
└have[has]＋過去分詞「〜したことがある」〈経験〉

疑問文 **Have** you ever seen him like that?　あなたはこれまでにそのような彼を見たことがありますか。
「これまでに」（ever）
└have[has]は主語の前に置く

— Yes, I **have**.　はい，あります。
└have[has]で答える

No, I **haven't**. / No, **never**.　いいえ，ありません。／いいえ，一度も。
└have not の短縮形(has not の短縮形は hasn't)

否定文 I**'ve** never seen such a beautiful sunset.　私はそのような美しい夕焼けを一度も見たことがありません。
「一度も〜ない」（never）

現在完了形〈経験〉でよく使う語

before	以前に	**once**	一度
ever	(疑問文で)これまでに	**never**	(否定文で)一度も〜ない
〜 times	〜回		

☆チェック!　(　)内から適する語を選びなさい。

1
- □ (1) I've just (finish / finished) my homework.　私はちょうど私の宿題を終えたところです。
- □ (2) She has already (had / have) breakfast.　彼女はもう朝食を食べました。
- □ (3) Ken has just (checking / checked) today's weather report.　ケンはちょうど今日の天気予報を確かめたところです。

2
- □ (4) The car hasn't (leave / left) yet.　その車はまだ出発していません。
- □ (5) (Have / did) they cleaned the classroom yet?　彼らはもうその教室を掃除(そうじ)しましたか。
  — No, they (have / haven't).　いいえ，していません。

3
- □ (6) Have you (ever / already) read the book like this?　あなたはこれまでにこのような本を読んだことがありますか。
  — No, I (didn't / haven't).　いいえ，ありません。
- □ (7) I've (ever / never) had such a delicious dish.　私はそのようなとてもおいしい料理を一度も食べたことがありません。

☆チェック! の答えは次ページ

テスト対策問題

テスト対策ナビ

リスニング

♪ a04

1 英文と質問を聞いて，その答えとして適する絵を選び，記号で答えなさい。

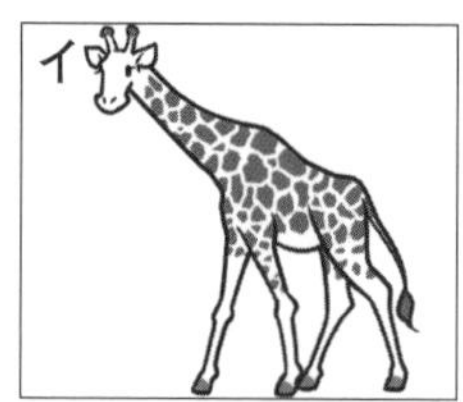

(　　　)

2 (1)～(6)は単語の意味を書きなさい。(7)～(10)は日本語を英語にしなさい。

(1) afraid (　　　　)　(2) sunset (　　　　)

(3) finish (　　　　)　(4) already (　　　　)

(5) perfect (　　　　)　(6) busy (　　　　)

(7) see の過去分詞 ＿＿＿＿　(8) 木でできた ＿＿＿＿

(9) 娯楽，遊び ＿＿＿＿　(10) do の過去分詞 ＿＿＿＿

3 次の日本文にあうように，＿＿に適する語を書きなさい。

よく出る (1) ジョンはその犬がこわいです。
John is ＿＿＿＿ ＿＿＿＿ the dog.

(2) 私は全然空腹ではありません。
I'm ＿＿＿＿ hungry ＿＿＿＿ ＿＿＿＿.

(3) ちょっと待って。私もあなたと一緒に行きます。
＿＿＿＿ a ＿＿＿＿. I'll go with you.

(4) 急いで，エミ。
＿＿＿＿ ＿＿＿＿, Emi.

(5) これはあなたのチケットです。はい，どうぞ。
This is your ticket. ＿＿＿＿ ＿＿＿＿ ＿＿＿＿.

(6) あなたは具合が悪く見えます。―大したことではないよ。
You look sick. ―It's ＿＿＿＿ ＿＿＿＿ ＿＿＿＿.

4 次の文の＿＿に，(　)内の語を適する形にかえて書きなさい。

(1) He has already ＿＿＿＿ a new book. (buy)

(2) I have ＿＿＿＿ a letter to him. (write)

(3) I've ＿＿＿＿ the guitar. (play)

(4) John has already ＿＿＿＿ his homework. (finish)

ミス注意! (5) She has just ＿＿＿＿ some exercise. (do)

---

2 重要単語
(7)(10)不規則動詞。
(9)つづりに注意。

3 重要表現
(1)「～がこわい」は be afraid of ～。
(2) not ～ at all で「全然～ない」。
(3) minute を使う表現。
(4)「急ぐ」の hurry を使って 2 語で表す。
(6)「大したこと」は big deal で表せる。

おぼえよう!
... look ～.
「…が～に見える」

4 現在完了(かんりょう)形〈完了〉
不規則動詞に注意。

ポイント
現在完了形(完了，経験)は〈have＋動詞の過去分詞〉を使って表す。

p.11 答 (1) finished (2) had (3) checked (4) left (5) Have / haven't (6) ever / haven't (7) never

5 次の対話文を読んで，あとの問いに答えなさい。

Eri: Tina, have you ①(check) your photos yet?
Tina: No, I (②). I'll do ③it at the hotel. ④I want to share them with my family.

(1) ①の( )内の語を適する形になおしなさい。 ＿＿＿＿
(2) ②の( )内に適する語を書きなさい。 ＿＿＿＿
(3) 下線部③ it が指している内容を日本語で説明しなさい。
( )
(4) 下線部④を日本語になおしなさい。
( )

5 本文の理解
(1) check の過去分詞。
(2) No で答えている。
(3)直前のエリの問いかけに注目する。
(4) share ～ with ...「～を…と分かち合う」

6 次の文を( )内の指示にしたがって書きかえるとき，＿＿に適する語を書きなさい。

(1) Aya has already read today's newspaper. (疑問文に)
＿＿＿＿ Aya ＿＿＿＿ today's newspaper yet?
(2) That car has already left. (否定文に)
That car ＿＿＿＿ ＿＿＿＿ ＿＿＿＿.
(3) I have not chatted with a professional soccer player.
(I を He に変えて)
He ＿＿＿＿ ＿＿＿＿ ＿＿＿＿ with a professional soccer player.

6 疑問文と否定文
ミス注意！
yet は疑問文では「もう」，否定文では「まだ」という意味。どちらも文末に置くのが普通(ふつう)。

7 [ ]内の語を並べかえて，日本文にあう英文を書きなさい。

(1) 私はあんな大きなキリンを見たことがありません。
[a / never / I've / such / seen / giraffe / big].
＿＿＿＿＿＿＿＿＿＿＿＿＿＿＿＿
よく出る (2) あなたはこれまでに海外へ行ったことがありますか。
[been / have / abroad / you / ever]?
＿＿＿＿＿＿＿＿＿＿＿＿＿＿＿＿

7 現在完了形〈経験〉
(1) such a ～「そのような～，あんな～」。
(2)「海外へ行ったことがある」は have[has] been abroad で表せる。

8 次の日本文を英語になおしなさい。

(1) 何回あなたは昼食を作ったことがありますか。
＿＿＿＿＿＿＿＿＿＿＿＿＿＿＿＿
(2) ケンはちょうど彼の父に追いついたところです。
＿＿＿＿＿＿＿＿＿＿＿＿＿＿＿＿

8 英作文
(1) How many times ～? は「何回～ですか」とたずねる表現。
(2)「～に追いつく」は catch up with ～。

 解答 p.4

テストに出る！
予想問題 Unit 2 ① Our School Trip

30分 /100点

1 対話と質問を聞いて，その答えとして適するものを１つ選び，記号で答えなさい。

a05　4点×2〔8点〕

(1) ア A ball.　イ A cup.　ウ A racket.　(　　)
(2) ア A dog.　イ A rabbit.　ウ A bird.　(　　)

2 次の日本文にあうように，＿＿に適する語を書きなさい。　4点×3〔12点〕

よく出る (1) 私はちょうど宿題をしたところです。
I have ＿＿＿＿＿ ＿＿＿＿＿ my homework.
(2) そのバスはまだ出発していません。
The bus ＿＿＿＿＿ ＿＿＿＿＿ yet.
(3) 私たちは京都に行ったことがあります。
We have ＿＿＿＿＿ ＿＿＿＿＿ Kyoto.

3 次の英文の＿＿に，□内から適する語を選んで書きなさい。　3点×5〔15点〕

(1) ＿＿＿＿＿ a minute! You must not eat the cake.
(2) I am not scared at ＿＿＿＿＿.
(3) This is ＿＿＿＿＿ a beautiful castle.
(4) ＿＿＿＿＿ up! We need to take the first train.
(5) You're welcome. It's no big ＿＿＿＿＿.

deal　wait　all　hurry　such

4 〔　〕内の語を並べかえて，日本文にあう英文を書きなさい。　4点×4〔16点〕

(1) 彼らはちょうど大阪に着いたところです。〔 have / in / arrived / they / just / Osaka 〕.

＿＿＿＿＿＿＿＿＿＿＿＿＿＿＿＿＿＿＿＿＿＿＿＿

(2) 私はまだ小説を書いていません。　〔 have / not / a / written / novel / I / yet 〕.

＿＿＿＿＿＿＿＿＿＿＿＿＿＿＿＿＿＿＿＿＿＿＿＿

(3) あなたはもうその新しい本を読みましたか。
〔 book / yet / read / have / you / new / the 〕?

＿＿＿＿＿＿＿＿＿＿＿＿＿＿＿＿＿＿＿＿＿＿＿＿

ミス注意！ (4) あなたはこれまでにライオンを見たことがありますか。
〔 seen / you / have / a / lion / ever 〕?

＿＿＿＿＿＿＿＿＿＿＿＿＿＿＿＿＿＿＿＿＿＿＿＿

5 次の対話文を読んで，あとの問いに答えなさい。 〔14点〕

Kota: We're here!
Hajin: We have finally ①(arrive) in Miyajima.
Eri: ② Look, [over / are / deer / there / some / there].
Tina: ③ They're not afraid of people at all.
Kota: ④ That's (　　　).

(1) ①の(　)内の語を適する形になおしなさい。 〈3点〉

______

(2) 下線部②の[　]内の語を並べかえて，意味の通る英文にしなさい。 〈4点〉

Look, ______________________________.

(3) 下線部③を日本語になおしなさい。 〈4点〉

(　　　　　　　　　　　　　　　　　　　　)

(4) 下線部④が「それはすばらしいです」という意味になるように，(　)に適する語をア～ウから選び，記号を○で囲みなさい。 〈3点〉

ア busy　イ amazing　ウ dry

6 次の文を(　)内の指示にしたがって書きかえなさい。 5点×3〔15点〕

(1) I have already washed my face. (否定文に)

______

(2) You have visited Mr. Mori. (経験をたずねる疑問文に)

______

(3) You have been abroad twice. (下線部をたずねる文に)

______

7 次の日本文を英語になおしなさい。 5点×4〔20点〕

(1) ジョン(John)はすでに郵便局を見つけました。

______

よく出る (2) 彼はあのネコを見たことがあります。

______

(3) 私は沖縄に一度も行ったことがありません。

______

(4) あなたは何回その番組を見たことがありますか。

______

Unit 2 ② Our School Trip

30分　/100点

1 対話と質問を聞いて，その答えとして適する絵を選び，記号で答えなさい。  〔4点〕

ア　イ　ウ　エ

(　　)

2 次の日本文にあうように，＿＿に適する語を書きなさい。 4点×6〔24点〕

よく出る (1) 私はちょうど夕食を食べたところです。
I have ＿＿＿＿ had dinner.

(2) 彼はもう宿題を終えましたか。
Has he finished his homework ＿＿＿＿?

(3) 彼女は一度もその銀行に行ったことがありません。
She has ＿＿＿＿ been to the bank.

(4) 私はすでにこの雑誌を読みました。
I have ＿＿＿＿ read this magazine.

(5) 彼はまだ服を洗っていません。
He hasn't washed his clothes ＿＿＿＿.

(6) あなたはこれまでに宇宙飛行士に会ったことがありますか。
Have you ＿＿＿＿ seen an astronaut?

3 次の文に対する答えとして最も適するものをア～オから選び，記号で答えなさい。
3点×5〔15点〕

(1) You found my wallet! Thank you so much. (　　)
(2) There is not any milk at all. (　　)
(3) Can I eat this cheese? I am hungry. (　　)
(4) Hurry up! We need to leave home now. (　　)
(5) Can you catch up with the bike? It moves fast. (　　)

ア OK. I'll buy it this afternoon.
イ I'm ready now. Let's go!
ウ It's no big deal.
エ Wait a minute! It is mine.
オ Yes. I am good at running.

4 次の対話文を読んで，あとの問いに答えなさい。 〔18点〕

Hajin: What's up (　①　) Kota?
②〔 ever / him / that / have / like / seen / you 〕?
Eri: No, (　③　). ④He's (change) lately.
(中略)
Look at the sunset!
Kota: Wow. ⑤I've never seen such a beautiful sunset.

(1) ①，③の(　)内に適する語を入れなさい。 3点×2〈6点〉

①＿＿＿＿＿＿　③＿＿＿＿＿＿

ミス注意！ (2) 下線部②の〔　〕内の語を並べかえて，意味の通る英文にしなさい。 〈4点〉

＿＿＿＿＿＿＿＿＿＿＿＿＿＿＿＿＿＿＿＿＿＿＿＿

(3) 下線部④が「彼は最近変わりました」という意味になるように，(　)内の語を適する形になおしなさい。 〈4点〉

＿＿＿＿＿＿

(4) 下線部⑤を日本語になおしなさい。 〈4点〉
(　　　　　　　　　　　　　　　　　　　　　　　　)

5 〔　〕内の語句を並べかえて，日本文にあう英文を書きなさい。 5点×3〔15点〕

(1) 彼女はもう注文しましたか。　〔 has / yet / she / ordered 〕?

＿＿＿＿＿＿＿＿＿＿＿＿＿＿＿＿＿＿＿＿＿＿＿＿

(2) エミはまだジョンの誕生日プレゼントを買っていません。
〔 Emi / for / John / a birthday gift / yet / bought / hasn't 〕.

＿＿＿＿＿＿＿＿＿＿＿＿＿＿＿＿＿＿＿＿＿＿＿＿

やや難 (3) その赤ちゃんは一度も言葉を話したことがありません。
〔 spoken / the baby / never / any words / has 〕.

＿＿＿＿＿＿＿＿＿＿＿＿＿＿＿＿＿＿＿＿＿＿＿＿

6 次の日本文を英語になおしなさい。 6点×4〔24点〕

(1) 私の母はすでに昼食を作りました。

＿＿＿＿＿＿＿＿＿＿＿＿＿＿＿＿＿＿＿＿＿＿＿＿

(2) 彼はもうその門を閉じましたか。

＿＿＿＿＿＿＿＿＿＿＿＿＿＿＿＿＿＿＿＿＿＿＿＿

(3) ((2)に答えて)いいえ，閉じていません。

＿＿＿＿＿＿＿＿＿＿＿＿＿＿＿＿＿＿＿＿＿＿＿＿

(4) あなたは何回彼女の家を訪問したことがありますか。

＿＿＿＿＿＿＿＿＿＿＿＿＿＿＿＿＿＿＿＿＿＿＿＿

Unit 3

Lessons From Hiroshima

テストに出る！ ココが要点＆チェック！

現在完了形〈継続〉・現在完了進行形

教 p.31～p.35

1 現在完了形〈継続〉

ある状態が過去から現在まで継続している意味を表すときも，現在完了形〈have[has]＋動詞の過去分詞〉を使う（ずっと～です）。

The dome **has been** like this for over 70 years.

〈has＋過去分詞〉　for（～の間）

そのドームは70年より長い間ずっとこのような状態です。

現在完了形〈継続〉でよく使う語

継続の現在完了形では for や since がよく使われる。for は期間を表す語句を，since は過去の一時点を表す語句を後ろに伴う。

▶〈for＋期間を表す語句〉「～の間」
for three weeks（3週間）
for a long time（長い間）

▶〈since＋過去の一時点を表す語句〉「～以来」
since 2019（2019年以来）
since last month（先月から）

2 現在完了形〈継続〉の疑問文

「どのくらいの間～していますか」と過去から現在までの継続の期間をたずねるときは，how long で文を始める。答えるときは，for や since を使って具体的な期間を言う。

How long **have** you [ ] **been** a volunteer?

「どのくらいの間」　have が主語の前に出て，疑問文の語順になる

あなたはどのくらいの間ボランティアをしているのですか。

— I**'ve been** a volunteer since 2000.　私は2000年からボランティアをしています。

for や since を使って，具体的な期間を答える

3 現在完了進行形

★(4)～(6)

「ずっと～している」と過去から現在までである動作や行為が継続していることを言うときは，〈have[has] been＋動詞の -ing 形〉で表す。

I've been thinking about our trip to Hiroshima.

〈have[has] been＋動詞の -ing 形〉

私は広島への旅行についてずっと考えています。

現在完了形〈継続〉と現在完了進行形

▶現在完了形〈継続〉は主に状態を表す動詞（know，live，be など）で使う。
▶現在完了進行形は基本的に動作を表す動詞を使い，「過去から現在まで続いている動作」に重点が置かれるときに使う。

不定詞に代わる It

教 p.36〜p.37

4 It is 〜 (for 人) +to+動詞の原形

→チェック!★(7)〜(9)

〈It is 〜 (for 人)+to+動詞の原形〉の形で「(人が)…するのは〜だ」という意味を表す。このときの It は仮の主語で，不定詞〈to+動詞の原形〉以下の内容が主語の意味になる。

To learn about the past is important for us.
（To learn about the past：主語）

⇩

It's important for us to learn about the past. 私たちが過去について学ぶことは大切です。
（It：仮の主語　for us：for+人(〜が)　to learn about the past：主語の意味）

It's also important (for us) to think about creating a peaceful world.
（It：仮の主語　(for us)：for+人(〜が)は書かないこともある　to think about creating a peaceful world：主語の意味）

平和な世界を創ることについて考えることも大切です。

〈It is 〜 (for 人)+to+動詞の原形〉でよく使われる形容詞

easy「簡単な」	necessary「必要な」
difficult「難しい」	impossible「不可能な」
interesting「おもしろい」	exciting「胸をわくわくさせる」

☆チェック!　(　)内から適する語句を選びなさい。

1
- □ (1) I have (be / been) in Tokyo for four days.　私は4日間ずっと東京にいます。
- □ (2) She has (be / been) sick for a week.　彼女は1週間ずっと病気です。

2
- □ (3) (How / What) long have you stayed here?　あなたはどのくらいの間ここにとどまっていますか。
  — I've stayed here (for / since) two days.　私は2日間ここにとどまっています。

3
- □ (4) I have been (wait / waiting) in the gym.　私は体育館でずっと待っています。
- □ (5) She has (been cooking / cooking) for two hours.　彼女は2時間ずっと料理しています。
- □ (6) You (have been / has been) running.　あなたはずっと走っています。

4
- □ (7) It is important (studying / to study) math.　数学を勉強することは大切です。
- □ (8) It's difficult for me (to swim / swimming).　私が泳ぐことは難しいです。
- □ (9) It was easy (for / of) us to climb the mountain.　私たちがその山を登ることは簡単でした。

☆チェック!の答えは次ページ

解答 p.6

テスト対策問題

リスニング

♪ a07

1 対話と質問を聞いて，その答えとして適するものを１つ選び，記号で答えなさい。

(1) ア Since yesterday.　イ Since last month.
ウ For a year.　エ For two years.　(　　)

(2) ア For an hour.　イ For two hours.
ウ Since this morning.　エ Since last night.　(　　)

2 (1)～(6)は単語の意味を書きなさい。(7)～(10)は日本語を英語にしなさい。

(1) anyone (　　)　(2) realize (　　)
(3) create (　　)　(4) however (　　)
(5) century (　　)　(6) meal (　　)
(7) 平和 ＿＿＿＿　(8) 特に ＿＿＿＿
(9) 若い ＿＿＿＿　(10) ～なしで ＿＿＿＿

2 重要単語
(2)動詞。
(4)副詞。
(7)(9)つづりに注意。

3 次の日本文にあうように，＿＿に適する語を書きなさい。

ミス注意！ (1) あなたは私の母を思い出させます。
You ＿＿＿＿ me ＿＿＿＿ my mother.

(2) 彼らはよりよい世界へ向かって努力します。
They ＿＿＿＿ ＿＿＿＿ a better world.

(3) 私の祖母はますます年をとってきています。
My grandmother is ＿＿＿＿ ＿＿＿＿.

(4) 私は彼女に私の考えを言うことを堅く決心していました。
I was ＿＿＿＿ ＿＿＿＿ tell her my idea.

(5) その都市の人口は年々増えています。
The number of people in the city is increasing year
＿＿＿＿ ＿＿＿＿.

3 重要表現
(1)「～に…を思い出させる」
(4) to を使った表現。
(5) by を使った表現。

4 次の文を(　)内の指示にしたがって書きかえるとき，＿＿に適する語を書きなさい。

(1) I am busy.（since last week を加えて現在完了形の文に）
I ＿＿＿＿ ＿＿＿＿ busy since last week.

(2) You have known her for ten years.（下線部をたずねる文に）
＿＿＿＿ ＿＿＿＿ have you ＿＿＿＿ her?

(3) She lived in Hiroshima for six months.（現在完了形の文に）
She ＿＿＿＿ ＿＿＿＿ in Hiroshima for six months.

4 現在完了形〈継続〉

ポイント
have[has] の後には，動詞の過去分詞を置く。

p.19 答 (1) been　(2) been　(3) How / for　(4) waiting　(5) been cooking　(6) have been　(7) to study　(8) to swim　(9) for

5 次の英文を読んで，あとの問いに答えなさい。

①［ us / important / learn / it's / for / to ］ about the past. It's also important to think about ②(create) a peaceful world. However, ③ thinking about it is not enough. ④ We must do something to change the world.

(1) 下線部①の［ ］内の語を並べかえて，意味の通る英文にしなさい。

________________ about the past.

(2) ②の( )内の語を適する形になおしなさい。 ________

(3) 下線部③を次のように表すとき，___に適する語を書きなさい。

________ is not enough ________ think about it.

(4) 下線部④を日本語になおしなさい。

(   )

5 本文の理解

(1)〈It is 〜 (for 人) + to + 動詞の原形〉を使う。

(3) thinking about it を to を使って言いかえる。

6 ［ ］内の語句を並べかえて，日本文にあう英文を書きなさい。

(1) 私は2時間ずっと歩いています。

［ been / for / hours / walking / I / have / two ］.

____

よく出る (2) あなたはどのくらいの間ここで眠っていますか。

［ sleeping / here / long / you / how / have / been ］?

____

(3) 私の妹は自分の将来についてずっと考えています。

［ her / about / has / future / thinking / been / my sister ］.

____

6 現在完了進行形

(1) for の後に時間を置く。

ミス注意！
how long の後ろは現在完了形の疑問文の語順になる。

ミス注意！ **7** 次の英文を日本語になおしなさい。

(1) It is interesting to learn other cultures.

(   )

(2) It's hard for my mother to get up early.

(   )

7 〈It is 〜 (for 人) + to + 動詞の原形〉

ミス注意！
it を「それは」と訳さないこと。it は to 以下の内容を指す。

8 次の日本文を英語になおしなさい。

(1) 私は昨年から大阪に住んでいます。

____

(2) 私の姉は3時間ずっと練習しています。

____

(3) 私たちが英語を勉強することは大切です。

____

8 英作文

(1)「〜から」は since を使う。

(2)「練習する」は動作を表す。

(3) it を主語にする。

解答 p.7

テストに出る!

予想問題 Unit 3 ① Lessons From Hiroshima

30分

/100点

1 英文と質問を聞いて，その答えとして適するものを1つ選び，記号で答えなさい。

a08 3点×2〔6点〕

(1) ア At eleven o'clock. イ At nine o'clock.
ウ For half an hour. エ For two hours. (　　)

(2) ア For three years. イ For three months.
ウ Since yesterday. エ Since last week. (　　)

2 次の日本文にあうように，____に適する語を書きなさい。 4点×4〔16点〕

(1) あなたたちは昨年からずっと友達ですか。
________ you ________ friends ________ last year?

ミス注意! (2) 1週間ずっと雨が降っています。
It ________ ________ raining for a week.

(3) 彼らは今朝からずっと体育館で遊んでいます。
They have ________ ________ in the gym ________ this morning.

(4) 彼はどのくらいの間ベッドで寝ているのですか。
________ ________ has he been in bed?

3 次の英文の____に，□内から適する語を選んで書きなさい。それぞれの語は一度しか使えません。 4点×4〔16点〕

(1) We need to work ________ peace.

(2) His daughter is growing up year ________ year.

(3) The picture reminds me ________ my childhood.

(4) I will pass your words ________ to my students.

by　　on　　for　　of

4 〔　〕内の語句を並べかえて，日本文にあう英文を書きなさい。 4点×3〔12点〕

(1) 私はきのうからずっと暇です。 〔 free / been / I've / yesterday / since 〕.

____

(2) 彼はそのサッカーチームに6年間います。
〔 has / the soccer team / he / on / been / for / six years 〕.

____

(3) 私がフランスについて学ぶことはおもしろかったです。
It 〔 me / France / for / about / interesting / to / learn / was 〕.
It ________________________________.

5 次の対話文を読んで，あとの問いに答えなさい。 〔14点〕

Ms. Nishimura:	① Does anyone have any questions?
Tina:	② [long / have / a peace volunteer / how / you / been]?
Ms. Nishimura:	I've ③(be) a volunteer ④( ) 2000.
Tina:	That's a long time!

(1) 下線部①を日本語になおしなさい。 〈4点〉
( )

(2) 下線部②の〔 〕内の語句を並べかえて，意味の通る英文にしなさい。 〈4点〉

(3) ③の( )内の語を適する形になおしなさい。 〈3点〉

(4) 下線部④が「2000 年から」という意味になるように，( )に適する語を書きなさい。〈3点〉

6 次の文を( )内の指示にしたがって書きかえなさい。 4点×4〔16点〕

(1) I am using the computer. (「1 時間」の意味を加えて現在完了(かんりょう)進行形の文に)

(2) To watch basketball games is exciting for me. (It で始めてほぼ同じ意味の文に)

(3) It is sunny. (since last week を加えて現在完了形の文に)

(4) Your grandmother has been sick for a month. (下線部をたずねる文に)

7 次の日本文を英語になおしなさい。 5点×4〔20点〕

(1) 私の父は 1 週間ずっと東京にいます。

(2) あなたはどのくらいの間，彼を待っていますか。

(3) ((2)に答えて)私は 2 時間彼を待っています。

(4) 私が自分の教科書を持ってくることは必要ですか。

 解答 p.8

Unit 3 ②
Lessons From Hiroshima

30分　　/100点

1 英文を聞いて，内容にあう絵を選び，記号で答えなさい。　a09　〔4点〕

(　　　)

2 次の日本文にあうように，＿＿に適する語を書きなさい。　4点×6〔24点〕

(1) ボランティアの仕事について考えたことはありますか。
Have you ＿＿＿＿＿＿ ＿＿＿＿＿＿ volunteer work?

(2) 彼は何のメッセージもなしで，家を出ました。
He left home ＿＿＿＿＿＿ any messages.

(3) 私たちは私たちの文化を子供たちに伝えなければなりません。
We must ＿＿＿＿＿＿ our cultures ＿＿＿＿＿＿ to our children.

(4) 彼女は長い間，医者をしています。
She has been a doctor ＿＿＿＿＿＿ a long time.

(5) 私は東京で生まれ，育てられました。
I was born and ＿＿＿＿＿＿ up in Tokyo.

(6) 彼らはその病院を助けるためにお金を集めました。
They ＿＿＿＿＿＿ ＿＿＿＿＿＿ to help the hospital.

3 次の対話が成り立つように，＿＿に適する語を書きなさい。　4点×2〔8点〕

ミス注意！ (1) Is it difficult for us to create a peaceful world?
— Yes, ＿＿＿＿＿＿ ＿＿＿＿＿＿.

(2) How long has David been learning Japanese?
— He ＿＿＿＿＿＿ ＿＿＿＿＿＿ learning Japanese ＿＿＿＿＿＿ 2010.

4 次の各組の文がほぼ同じ内容を表すように，＿＿に適する語を書きなさい。　4点×2〔8点〕

ミス注意！ (1) { Mr. Robert went to Australia five years ago. He still lives there.
Mr. Robert ＿＿＿＿＿＿ ＿＿＿＿＿＿ in Australia ＿＿＿＿＿＿ five years.

(2) { Saki bought a watch when she was thirteen. She still uses the watch.
Saki ＿＿＿＿＿＿ ＿＿＿＿＿＿ using the watch ＿＿＿＿＿＿ she was thirteen.

5 次の西村さんの手記の一部を読んで，あとの問いに答えなさい。 〔20点〕

I am not an A-bomb survivor. ① So at first〔 was / about / for / difficult / it / to / me / talk / the A-bombing 〕 without personal experience. Then one day I learned about Mr. Floyd Schmoe.
（中略） His action became a big inspiration for me. I have been ②(learn)from him and acting as a peace volunteer ③ (　　　)(　　　). I'd like to introduce his words to you ― "Peace can't be ④(build) by words alone. Action must be taken."

(1) 下線部①が「だから最初は，自分自身の体験なしで，私が原爆について話すのは難しかったです。」という意味になるように，〔　〕内の語句を並べかえなさい。 〈4点〉

＿＿＿＿＿＿＿＿＿＿＿＿＿＿＿＿＿＿＿＿

(2) ②，④の(　)内の語を適する形になおしなさい。 4点×2〈8点〉

② ＿＿＿＿＿＿ ④ ＿＿＿＿＿＿

(3) 下線部③が「そのとき以来」という意味になるように，(　)に適する語を書きなさい。〈4点〉

＿＿＿＿＿＿ ＿＿＿＿＿＿

(4) 本文の内容にあうように，次の問いに英語で答えなさい。 〈4点〉
Was it easy for Ms. Nishimura to talk about the A-bombing at first? （3語で）

＿＿＿＿＿＿＿＿＿＿＿＿＿＿＿＿＿＿＿＿

6 〔　〕内の語句を並べかえて，日本文にあう英文を書きなさい。 6点×3〔18点〕

(1) あなたはきのうからずっと空腹なのですか。
〔 you / since / have / hungry / been / yesterday 〕?

＿＿＿＿＿＿＿＿＿＿＿＿＿＿＿＿＿＿＿＿

(2) 彼が馬に乗ることは簡単なのですか。
〔 easy / ride / is / to / him / it / for / a horse / on 〕?

＿＿＿＿＿＿＿＿＿＿＿＿＿＿＿＿＿＿＿＿

(3) 大阪ではどのくらいの間，雨が降っていますか。
〔 been / in / how / has / raining / long / it 〕 Osaka?

＿＿＿＿＿＿＿＿＿＿＿＿＿＿＿＿＿＿ Osaka?

7 次の日本文を英語になおしなさい。 6点×3〔18点〕

(1) 私は子供の頃からずっとテニスファンです。

＿＿＿＿＿＿＿＿＿＿＿＿＿＿＿＿＿＿＿＿

よく出る (2) 私が数学を勉強することはおもしろいです。

＿＿＿＿＿＿＿＿＿＿＿＿＿＿＿＿＿＿＿＿

(3) 彼女は今朝からずっとピアノを演奏しています。

＿＿＿＿＿＿＿＿＿＿＿＿＿＿＿＿＿＿＿＿

Let's Read 1

From the Diary of Kawamoto Itsuyoshi

時を表す接続詞・前置詞

教 p.42〜p.45

1 時を表す接続詞

→チェック!★(1)〜(4)

「〜するとき」という意味は **when**,「〜した後に[で]」という意味は **after** で表す。どちらも接続詞で, 2つの文をつなぐ働きをする。

When I arrived at Nichū, the ceremony was already going on.

私が二中に到着したとき, 式典はすでに始まっていました。

After I explained my delay, they let me in.

私が遅刻を説明した後, 彼らは私を入らせてくれました。

2 時を表す前置詞

→チェック!★(5)(6)

「(特定期間内)のあるときに」「〜の間に」という意味は **during** で表す。during のような前置詞の後には名詞を置く。

During our rest time at lunch, we played hide-and-seek.

昼食の休憩の間, 私たちはかくれんぼをしました。

その他の時を表す接続詞・前置詞

▶時を表す接続詞
before I come here
(私がここに来る前に)

▶時を表す前置詞
for 10 years(10年間)
through the year(一年中)

・接続詞の後には文が続き, 前置詞の後には名詞がくることに注意する。
・after, before など, 接続詞と前置詞の両方で使える語もある。

☆チェック! ( )内から適する語を選びなさい。

1
- □ (1) (When / Then) I came home, my sister was playing the piano.
  私が家に帰ったとき, 私の妹はピアノを弾いていました。
- □ (2) (What / When) we met Ms. Smith, she looked happy.
  私たちがスミスさんに会ったとき, 彼女は幸せそうに見えました。
- □ (3) (When / Which) he went to the shop, it was closed.
  彼がその店に行ったとき, それは閉まっていました。
- □ (4) (After / In) I ate dinner, I did my homework.　私は夕食を食べた後, 宿題をしました。

2
- □ (5) (With / During) this summer vacation, I'm going to play tennis every day.
  この夏休みの間, 私は毎日テニスをするつもりです。
- □ (6) (During / So) the break, we kept chatting.　休憩の間, 私たちはおしゃべりをし続けました。

☆チェック! の答えは次ページ

テスト対策問題

テスト対策ナビ

リスニング

♪ a10

1 英文を聞いて，その内容にあう絵をア〜ウから１つ選び，記号で答えなさい。

ア

イ

ウ

(　　)

2 (1)〜(4)は単語の意味を書きなさい。(5)(6)は日本語を英語にしなさい。

(1) excellent (　　　　)　(2) thick (　　　　)
(3) worried (　　　　)　(4) bridge ＿＿＿＿
(5) 〜を掘る ＿＿＿＿　(6) 音，騒音 ＿＿＿＿

2 重要単語
(5)原形と過去形のつづりの違いに注意する。

3 次の日本文にあうように，＿＿に適する語を書きなさい。

よく出る (1) 私たちはついにアフリカに着いた。
＿＿＿＿ ＿＿＿＿, we arrived in Africa.

(2) 彼女はすぐに家を出た。
She left home ＿＿＿＿ ＿＿＿＿.

(3) 彼は犬を探すために外出しました。
He ＿＿＿＿ ＿＿＿＿ to look for his dog.

3 重要表現
(3) go out「外出する」を過去形にする。

4 [　]内の語句を並べかえて，日本文にあう英文を書きなさい。

(1) 私がドアを開けたとき，彼がそこに立っていました。
[the door / he / there / opened / I / when / was / standing / ,].
＿＿＿＿＿＿＿＿＿＿＿＿＿＿＿＿

よく出る (2) 私の叔父が彼に話しかけた後，彼はほほえみ始めました。
[my uncle / to / talked / smiling / after / him / started / he / ,].
＿＿＿＿＿＿＿＿＿＿＿＿＿＿＿＿

(3) 私が家にいたとき，外では雨が降っていました。
[I / when / home / raining / at / outside / was / was / it / ,].
＿＿＿＿＿＿＿＿＿＿＿＿＿＿＿＿

4 時を表す接続詞

ミス注意！
when「〜するとき」，after「〜した後に[で]」の後に主語と動詞を続ける。

5 次の英文を日本語になおしなさい。

(1) During my winter vacation, I went on a trip.
(　　　　　　　　　　　　　　　　)

(2) During the rest time, we were sitting on the sofa.
(　　　　　　　　　　　　　　　　)

5 時を表す前置詞

ポイント
during の後には名詞を置く。

p.26 答 (1) When (2) When (3) When (4) After (5) During (6) During

解答 p.9

テストに出る!

予想問題 Let's Read 1 From the Diary of Kawamoto Itsuyoshi

30分

/100点

1 英文と質問を聞いて，その答えとして適するものを１つ選び，記号で答えなさい。 a11

5点×2〔10点〕

(1) ア She was eating.　イ She was cleaning.
ウ She was running.　エ She was cooking.　(　　)

(2) ア A doll.　イ A bag.　ウ A pudding.　エ A cake.　(　　)

2 次の日本文にあうように，＿＿に適する語を書きなさい。　2点×6〔12点〕

(1) 私に問題が起きました。
A problem ＿＿ ＿＿ me.

(2) ついに，彼は先生になりました。
＿＿ ＿＿, he became a teacher.

(3) あなたが外出する前に，窓を閉めてください。
Before you ＿＿ ＿＿, please close the windows.

(4) 私の祖父は初めて劇場に行きました。
My grandfather went to a theater for the ＿＿ ＿＿.

(5) 彼女はすぐに準備ができるでしょう。
She will be ready ＿＿ ＿＿.

(6) その番組は来年も続くでしょう。
The program will ＿＿ ＿＿ next year, too.

よく出る **3** 〔　〕内の語句を並べかえて，日本文にあう英文を書きなさい。　4点×4〔16点〕

(1) 私はニューヨークに行ったとき，彼のお兄さんに会いました。
〔 I / went / I / met / when / his brother / to / New York / , 〕.

＿＿＿＿＿＿＿＿＿＿＿＿＿＿＿＿＿＿＿＿

(2) 私たちの先生が部屋に入ってきたとき，私たちはおしゃべりをしていました。
〔 our teacher / when / into / we / chatting / the room / were / came / , 〕.

＿＿＿＿＿＿＿＿＿＿＿＿＿＿＿＿＿＿＿＿

(3) 私の父は料理をした後で，買い物に行きました。
〔 after / shopping / he / cooked / went / my father / , 〕.

＿＿＿＿＿＿＿＿＿＿＿＿＿＿＿＿＿＿＿＿

(4) 冬休みの間，彼はオーストラリアへ行きました。
〔 the winter vacation / he / during / Australia / visited / , 〕.

＿＿＿＿＿＿＿＿＿＿＿＿＿＿＿＿＿＿＿＿

4 次の英文を読んで，あとの問いに答えなさい。 〔18点〕

Today was a happy day for me. From today, I am going to commute to Nichū. I went to Hiroshima on the 6:50 a.m. steam train. ①(　　　), it was delayed. I was worried, "②[me / will / to / what / happen]?" When I ③(arrive) at Nichū, the ceremony was already ④(go) on. After I explained my delay, they let me in. ⑤I sighed with relief.

(1) 下線部①が「あいにく」という意味になるように，(　)に適する語を書きなさい。〈3点〉

(2) 下線部②の[　]内の語を並べかえて，意味の通る英文にしなさい。 〈4点〉

ミス注意! (3) ③，④の(　)内の動詞を適する形になおしなさい。 3点×2〔6点〕

③　　　　④

(4) 下線部⑤を日本語になおしなさい。 〈5点〉

(　　　　)

5 次の英文を日本語になおしなさい。 4点×5〔20点〕

(1) After it started to rain, I decided to stay at home.

(　　　　)

(2) During the break, we talked about Egypt.

(　　　　)

(3) When I entered my room, I found my key.

(　　　　)

(4) After my sister came home, she cleaned the bathroom.

(　　　　)

(5) During my spring vacation, I visited my grandparents.

(　　　　)

6 次の日本文を英語になおしなさい。 6点×4〔24点〕

(1) 夏休みの間，彼の友達が私の家に来ました。

(2) 生徒たちが公園を掃除し始めたとき，私たちはここにいました。

(3) 彼らがサッカーをしていたとき，晴れていました。

(4) 警察が港に着いたとき，誰もそこにいませんでした。

AI Technology and Language

関係代名詞 which / who(主語)

教 p.51～p.55

1 関係代名詞 which(主語)

チェック! ★(1)～(3)

名詞に説明をつけ加えて「～する(もの)」という意味を表すときは，関係代名詞の which を使って，〈名詞＋which＋動詞 ～〉とする。

Smartphones are common these days. ＋ They respond to voice commands.

近頃ではスマートフォンがよく見られます。 They＝Smartphones それら＝スマートフォン それらは音声の命令に反応します。

They を which にかえた文を Smartphones の直後に入れる

Smartphones which respond to voice commands are common these days.

近頃では，音声の命令に反応するスマートフォンがよく見られます。

which の後の文が名詞(ここでは Smartphones)を説明している

2 関係代名詞 who(主語)

チェック! ★(4)～(6)

名詞に説明をつけ加えて「～する(人)」という意味を表すときは，関係代名詞の who を使って〈名詞＋who＋動詞 ～〉とする。

I have an uncle. ＋ He runs a Japanese restaurant.

私にはおじがいます。 He＝an uncle 彼＝おじ

He なので 3 人称(にんしょう)単数の runs

彼は日本食のレストランを経営しています。

He を who にかえた文を an uncle の直後に入れる

I have an uncle who runs a Japanese restaurant.

runs はそのまま

私には日本食のレストランを経営しているおじがいます。

who の後の文が名詞(ここでは an uncle)を説明している

関係代名詞 which と who の使い分け

説明を加える対象	関係代名詞
もの・動物	which
人	who

・which の前には，ものか動物を表す語を置く。人を表す語には which を用いない。
・who の前には，人を表す語を置く。ものや動物を表す語には who を用いない。

関係代名詞 that(主語)

教 p.56〜p.59

3 関係代名詞 that(主語)

➡チェック!★(7)〜(10)

名詞に説明をつけ加えて「〜する(もの・人)」という意味を表すときは，関係代名詞の that を使って，〈名詞＋that＋動詞 〜〉とする。

It's an experience. ＋ It will broaden your world view.

それは経験です。 It＝an experience それ＝経験 それはあなたの世界観を広げてくれます。

It を that にかえた文を an experience の直後に入れる

It's an experience **that** will broaden your world view.

それはあなたの世界観を広げてくれる経験です。

that の後の文が名詞(ここでは an experience)を説明している

関係代名詞 that

関係代名詞 that の前には，ものや動物を表す語も，人を表す語も置くことができる。ただし，一般的(いっぱん)に人については that よりも who を使うことが多い。

・Smartphones which respond to voice commands are common these days.
＝Smartphones **that** respond to voice commands are common these days.
・I have an uncle who runs a Japanese restaurant.
＝I have an uncle **that** runs a Japanese restaurant.(△)

☆チェック! (　)内から適する語句を選びなさい。

1

□ (1) I have a bag (which / who) was bought by my sister.
私は私の姉[妹]が買ったかばんを持っています。

□ (2) I have a cat (runs / which runs) very fast. 私はとても速く走るネコを飼っています。

□ (3) This is the bus (leaves / which leaves) at two. これは2時に出発するバスです。

2

□ (4) The man (walks / who is walking) around the park is my brother.
その公園の周りを歩いている男性は私の兄[弟]です。

□ (5) I have a friend (which / who) lives in Chiba. 私には千葉に住んでいる友達がいます。

□ (6) The woman (teaches / who teaches) math to us is Ms. Suzuki.
私たちに数学を教える女性は鈴木先生です。

3

□ (7) Do you know the girl (is standing / that is standing) over there?
あなたはあそこに立っている女の子を知っていますか。

□ (8) Look at the dog (that / that is) sleeping there. そこで眠っている犬を見てください。

□ (9) We stayed at the hotel (it was / that was) built last year.
私たちは昨年建てられたホテルに泊まりました。

□ (10) This is the oldest pen (that / who) was found at home.
これは家で見つけられた最も古いペンです。

☆チェック!の答えは次ページ

解答 p.11

テスト対策問題

テスト対策ナビ

リスニング

♪ a12

1 対話と質問を聞いて，その答えとして適するものを１つ選び，記号で答えなさい。

(1) ア Daniel's brother.　イ Daniel.
　ウ Tom's brother.　エ Tom.　(　　)

(2) ア In the park.　イ At the gate.
　ウ Under the tree.　エ In the classroom.　(　　)

2 (1)～(6)は単語の意味を書きなさい。(7)～(10)は日本語を英語にしなさい。

(1) common (　　)　(2) anymore (　　)
(3) quite (　　)　(4) suppose (　　)
(5) raise (　　)　(6) machine (　　)
(7) 外国の ＿＿＿＿　(8) 住所，宛先 ＿＿＿＿
(9) 肌 ＿＿＿＿　(10) ～を思い出す ＿＿＿＿

2 重要単語
(1)は形容詞。
(2)(3)は副詞。
(4)(5)は動詞。
(7)はつづりを間違えやすいので注意。

3 次の日本文にあうように，＿＿に適する語を書きなさい。

よく出る (1) いい考えを思いつきました。
I ＿＿＿＿ up ＿＿＿＿ a good idea.

(2) そのスマートフォンは私の声に反応することができます。
The smartphone can ＿＿＿＿ ＿＿＿＿ my voice.

よく出る (3) 私は彼に同意します。
I ＿＿＿＿ ＿＿＿＿ him.

よく出る (4) あまり人に頼ってはいけません。
Don't ＿＿＿＿ ＿＿＿＿ other people too much.

(5) 最初は走ることが嫌いでしたが，今は好きです。
At first, I ＿＿＿＿ ＿＿＿＿ run, but I like it now.

3 重要表現
(1)「～を思いつく，見つける」という意味の語句。動詞は過去形にする。
(5)不定詞の名詞的用法で「～することが嫌い」という意味を表す。動詞は過去形にする。

4 関係代名詞 which が入る最も適切な位置の記号を，○で囲みなさい。

(1) My ア brother イ wants a bike ウ runs エ fast.

(2) Look at ア the イ cat ウ is エ on the wall.

(3) The book ア is left on イ the desk ウ is エ mine.

(4) This ア is the letter イ was ウ written エ by Emi.

4 関係代名詞 which(主語)

ミス注意！
主語の働きをする関係代名詞 which の後ろには，動詞が続く。

p.31 答　(1) which　(2) which runs　(3) which leaves　(4) who is walking　(5) who　(6) who teaches　(7) that is standing　(8) that is　(9) that was　(10) that

5 次の英文を読んで，あとの問いに答えなさい。

I have an uncle who ①(run) a Japanese restaurant. ② He's〔 English / not / at / good / speaking 〕, (③) ④ he uses a translation device.

(1) ①の( )内の語を適する形になおしなさい。 ＿＿＿＿＿＿

(2) 下線部②の〔 〕内の語を並べかえて, 意味の通る英文にしなさい。

He's ＿＿＿＿＿＿＿＿＿＿＿＿＿＿＿＿＿＿,

ミス注意! (3) ③の( )に適する語をア～ウから選び，記号を○で囲みなさい。

ア but　イ because　ウ so

(4) 下線部④が指すものを日本語で書きなさい。

(　　　　　　　　　　　)

5 本文の理解

(1)動詞の形をan uncleにあわせる。

(2)「～が上手だ，うまい」という意味の語句を使う。

(3)前の文と後ろの文の意味のつながりを考える。

6 〔 〕内の語句を並べかえて，日本文にあう英文を書きなさい。

(1) 私には北海道に住んでいる叔母がいます。

I〔 in / an / who / Hokkaido / lives / have / aunt 〕.

I ＿＿＿＿＿＿＿＿＿＿＿＿＿＿＿＿＿＿.

(2) あなたにはサッカーを上手にするお兄さんがいますか。

〔 you / do / have / a brother / plays / who / well / soccer 〕?

＿＿＿＿＿＿＿＿＿＿＿＿＿＿＿＿＿＿

よく出る (3) 私たちを見ている男性はブラウン先生です。

The man〔 Mr. Brown / looking / who / at / is / us / is 〕.

The man ＿＿＿＿＿＿＿＿＿＿＿＿＿＿＿＿＿＿.

6 関係代名詞 who (主語)

すべて「人」について言っているのでwhoを使う。

ポイント

関係代名詞の働き

関係代名詞 who〔which, that〕以下の文がひとまとまりで名詞を詳しく説明する。

7 次の2つの文を関係代名詞 that を使って1文にしなさい。

(1) I have a sister. She can play the piano well.

I have a sister ＿＿＿＿＿＿＿＿＿＿＿＿＿＿＿＿＿＿.

(2) This is a house. It was built a hundred years ago.

This is a house ＿＿＿＿＿＿＿＿＿＿＿＿＿＿＿＿＿＿.

7 関係代名詞 that (主語)

関係代名詞のthatは,「人，もの，動物」のいずれの場合にも使うことができる。

8 次の日本文を英語になおしなさい。

(1) 彼は速く走ることができる男の子です。

＿＿＿＿＿＿＿＿＿＿＿＿＿＿＿＿＿＿

(2) これは駅に行くバスです。

＿＿＿＿＿＿＿＿＿＿＿＿＿＿＿＿＿＿

(3) 私はあそこで踊っている女性を知っています。

＿＿＿＿＿＿＿＿＿＿＿＿＿＿＿＿＿＿

8 英作文

(2)関係代名詞の後ろの動詞の形に注意。

(3)「踊っている」は現在進行形で表す。

解答 p.12

テストに出る！
予想問題
Unit 4 ① AI Technology and Language

30分　/100点

1 英文と質問を聞いて，その答えとして適するものを１つ選び，記号で答えなさい。 ♪a13
4点×2〔8点〕

(1) ア the U.K.　イ Japan　ウ Australia　エ Argentina　(　　)

(2) ア volleyball　イ soccer　ウ tennis　エ baseball　(　　)

2 次の文の(　)内から適する語を選び，記号を○で囲みなさい。 2点×5〔10点〕

(1) I want a cat (ア who　イ which) can play with me.

(2) He has a brother (ア who　イ which) is learning Chinese.

(3) Lisa is a student (ア who　イ which) can speak English and Japanese.

(4) These are pictures (ア who　イ which) were bought by my brother last Sunday.

(5) The man (ア who　イ which) is talking with David is my father.

3 次の日本文にあうように，___に適する語を書きなさい。 3点×4〔12点〕

(1) 私にはカナダに住んでいる友達がいます。
I have a friend ________ ________ in Canada.

(2) これは今朝配達された新聞です。
This is a newspaper ________ ________ delivered this morning.

ミス注意！ (3) ボブは日本で作られたコンピュータを使っています。
Bob uses a computer ________ ________ made in Japan.

(4) 私の娘は，きのう見つけられたかばんを気に入っています。
My daughter likes the bag ________ ________ found yesterday.

4 〔　〕内の語句を並べかえて，日本文にあう英文を書きなさい。 4点×3〔12点〕

(1) 私はサッカーがうまい女の子を知っています。
I know 〔 soccer / at / a / good / girl / is / who 〕.
I know ________________________.

(2) これは夏目漱石によって書かれた本です。
This is 〔 Natsume Soseki / book / which / written / by / a / was 〕.
This is ________________________.

(3) 私の家の前にある車は，私の叔父のものです。
The car 〔 which / my / is / is / front / my / house / of / uncle's / in 〕.
The car ________________________.

5 次の英文を読んで，あとの問いに答えなさい。 〔18点〕

Smartphones (①) respond to voice commands are common ②( ) ( ). ③Robots which automatically clean your house have ④(become) popular. These all use AI technology.

(1) ①の( )に適する語をア～ウから選び，記号を○で囲みなさい。 〈4点〉

ア this　イ what　ウ which

(2) 下線部②が「近頃では」という意味になるように，( )に適する語を書きなさい。〈5点〉

(3) 下線部③を日本語になおしなさい。 〈5点〉

( )

(4) ④の( )内の語を適する形になおしなさい。かえる必要がなければそのまま書きなさい。 〈4点〉

6 次の２つの文を関係代名詞を使って１文にしなさい。 4点×5〔20点〕

(1) Nancy is a girl. She has blue eyes.

(2) Nara is an old city. It has many temples.

(3) The bus will arrive late. It goes to Tokyo.

(4) I saw a woman. She was walking around the station.

(5) I met a person. He is very famous in your country.

7 次の日本文を英語になおしなさい。 5点×4〔20点〕

(1) 彼女は日本語をとても上手に話す女の子です。

(2) 私は毛の長い犬を飼っています。

ミス注意！ (3) 英語はオーストラリアで話されている言語です。

(4) これは，先週私の兄によって買われたＴシャツです。

解答 p.13

テストに出る！
予想問題

Unit 4 ②
AI Technology and Language

30分

/100点

1 対話と質問を聞いて，その答えとして適する絵を選び，記号で答えなさい。 ♪ a14

〔4点〕

ア

イ

ウ

エ

(　　　)

2 次の日本文にあうように，____に適する語を書きなさい。 4点×7〔28点〕

(1) 彼らはその会議で難しい問題を提起しました。

They ____________ a difficult problem in that meeting.

(2) 私とEメールアドレスを交換してくれませんか。

Can you ____________ e-mail addresses with me?

(3) 彼は私を思い出しませんでした。

He didn't ____________ me.

(4) 私は夜遅くにテレビを見るのを嫌に思います。

I ____________ ____________ watch TV late at night.

よく出る (5) 私の妹はいつも私に頼っています。

My sister always ____________ ____________ me.

(6) 教室に直接来てください。

Please come to the classroom ____________.

(7) 地球は急速に変化しています。

The earth is changing ____________.

3 次の2つの文を関係代名詞を使って1文にしなさい。 5点×4〔20点〕

(1) I have a sister. She often travels.

____

(2) I visited a museum. It has a hundred paintings.

____

(3) My brother lost the bag. It was made in my town.

____

(4) I know a doctor. He can play volleyball very well.

____

4 Ms. Brown の外国語学習に関する説明文を読んで，あとの問いに答えなさい。〔15点〕

AI technology is ①(progress) rapidly, and translation software is useful for exchanging messages.

(②), I think learning foreign languages is still a valuable experience.

③ It's 〔 will / experience / that / world / an / broaden / your / view 〕. You also learn more about your own language and culture.

(1) ①の( )内の語を適する形になおしなさい。〈3点〉

____

(2) ②の( )に入る語を次から選び，記号を書きなさい。〈4点〉

ア How　イ However　ウ What　(　　)

(3) 下線部③が「それはあなたの世界観を広げてくれる経験です。」という意味になるように，〔 〕内の語を並べかえなさい。〈4点〉

It's ____________.

(4) 本文の内容にあうように，次の問いに英語で答えなさい。〈4点〉

Does Ms. Brown think that learning foreign languages is a valuable experience?

____

5 〔 〕内の語句を並べかえて，日本文にあう英文を書きなさい。5点×3〔15点〕

(1) 私の家は学校の前にある白い家です。

My house 〔 a / house / of / in / the school / that / is / stands / front / white 〕.

My house ____________.

ミス注意! (2) これは 200 年前に書かれた本です。

〔 two hundred / the book / was / this / which / written / ago / years / is 〕.

____

(3) 私たちは天ぷらで有名なレストランに行きました。

〔 a restaurant / famous / went / we / that / is / tempura / to / for 〕.

____

6 関係代名詞 who か which を使って，次の日本文を英語になおしなさい。6点×3〔18点〕

よく出る (1) 今歌っているその男性は私の父です。

____

やや難 (2) これはあなたを幸せにする花です。

____

(3) 私は私のために朝食を料理してくれるロボットが欲しいです。

____

Let's Read 2

Robots Make Dreams Come True

テストに出る! ココが要点&チェック!

比較級＋and＋比較級

教 p.60～p.61

1 比較級＋and＋比較級

➡チェック!(1)～(4)

形容詞や副詞を〈比較級＋and＋比較級〉の形で用いると，「ますます～」という意味を表す。more は「もっと」という意味で，more and more で「ますます，もっと」という意味になる。

Scientists are continuing to invent **more and more** useful robots.

科学者たちはますます役に立つロボットを発明し続けています。

比較級＋and＋比較級の例

- bigger and bigger(ますます大きく)
- less and less(ますます少なく)
- more and more difficult(ますます難しく)

It is[was] ～ for 人 to do

教 p.62～p.63

2 It is[was] ～ for 人 to do

➡チェック!(5)～(8)

It is[was] ～ for 人 to do を使って，「(人)にとって…することは～だ[だった]」という意味を表す。It is[was] ～ to do で「…することは～だ[だった]」という意味を表す。

It was difficult for Mr. Nagahiro **to start** conversations with customers.

永廣(ながひろ)さんにとってお客さんたちと会話を始めることは難しいことでした。

チェック! (　)内から適する語句を選びなさい。

1

- □ (1) (More and more / Many and many) Japanese people are visiting China.　ますます多くの日本人が中国を訪れています。
- □ (2) He has become more (to / and) more famous.　彼はますます有名になりました。
- □ (3) The dog became (stronger and stronger / more and more strong).　その犬はますます強くなりました。
- □ (4) My mother has (much and much / more and more) books at home.　私の母は家にますます多くの本を持っています。

2

- □ (5) It was difficult (to / for) Ami to read *kanji*.　アミが漢字を読むことは難しいことでした。
- □ (6) It is interesting for (we / us) to study Japanese history.　私たちにとって日本の歴史を勉強することはおもしろいです。
- □ (7) It is important for me to (go / going) to the library.　私が図書館に行くことは大切です。
- □ (8) It was easy for him (answer / to answer) the question.　彼がその質問に答えることは簡単でした。

チェック! の答えは次ページ

テスト対策問題

テスト対策ナビ

リスニング

♪ a15

1 英文を聞いて，内容にあう絵を選び，記号で答えなさい。

ア　イ　ウ　エ

(　　　)

2 (1)～(4)は単語の意味を書きなさい。(5)～(6)は日本語を英語にしなさい。

(1) imagine (　　　　)　(2) character (　　　　)
(3) above (　　　　)　(4) body (　　　　)
(5) 形，形状 ＿＿＿＿　(6) 到着(とうちゃく)する ＿＿＿＿

2 重要単語
(1)動詞。
(2)名詞。

3 次の日本文にあうように，＿＿に適する語を書きなさい。

よく出る (1) 私はいつも彼らと親しくなろうと努力しています。
I always try to make ＿＿＿＿ ＿＿＿＿ them.

(2) 私は何度も何度も彼女の名前をよびました。
I called her name ＿＿＿＿ and ＿＿＿＿.

(3) その計画は実現しました。
The plan ＿＿＿＿ ＿＿＿＿.

3 重要表現
(1) friendを用いた表現。
(3)日本文にあわせて，動詞を過去形にすることに注意。

4 ［　］内の語句を並べかえて，日本文にあう英文を書きなさい。

(1) 彼女はますます多くのネコを飼っています。
［ more / more / has / she / cats / and ］.

＿＿＿＿＿＿＿＿＿＿＿＿＿＿＿＿

(2) 私の母がその箱を運ぶのは不可能でした。
［ impossible / for / my mother / the box / carry / it / to / was ］.

＿＿＿＿＿＿＿＿＿＿＿＿＿＿＿＿

やや難 (3) その試験はますます難しくなっています。
［ is / becoming / the exam / and / harder / harder ］.

＿＿＿＿＿＿＿＿＿＿＿＿＿＿＿＿

4 (1)more and moreで「ますます多くの」という意味を表す。
(2)impossible「不可能な」。

5 次の日本文を英語になおしなさい。

(1) 彼女はますます忙しくなりました。

＿＿＿＿＿＿＿＿＿＿＿＿＿＿＿＿

(2) 私の兄にとって英語の小説を読むことは簡単です。

＿＿＿＿＿＿＿＿＿＿＿＿＿＿＿＿

5 (1) busyを使って〈比較級+and+比較級〉の形を作る。

p.38 答　(1) More and more　(2) and　(3) stronger and stronger　(4) more and more　(5) for　(6) us　(7) go　(8) to answer

テストに出る！
予想問題　Let's Read 2
Robots Make Dreams Come True

30分　/100点

1 英文と質問を聞いて，その答えとして適するものを１つ選び，記号で答えなさい。 a16

4点×2〔8点〕

(1) ア Kyoto　イ Tokyo
　ウ Sydney　エ New York　(　　)

(2) ア To play soccer.　イ To understand the rules.
　ウ To talk with people.　エ To read English books.　(　　)

2 次の日本文にあうように，____に適する語を書きなさい。 3点×6〔18点〕

よく出る (1) 私は その本を何度も何度も読みました。
I read the book again ______ ______.

(2) 私の妹はケイトと友達になりました。
My sister made ______ ______ Kate.

(3) 生徒を世界と関係させることは大切です。
It is important to ______ students ______ the world.

(4) 彼女の夢がついに実現しました。
Her dream finally ______ ______.

(5) 私はいろいろな番組を見るのが好きです。
I like to watch a ______ ______ programs.

(6) 私が空を飛べたらいいのに。
I ______ I could fly in the sky.

3 次の文を(　)内の指示にしたがって書きかえなさい。 4点×5〔20点〕

ミス注意! (1) Visiting Kinkaku-ji Temple was interesting for me. (it で始めてほぼ同じ意味の文に)

______

(2) It is hard for you to ride on a horse. (否定文に)

______

(3) To make a cake is difficult for my sister. (it で始めてほぼ同じ意味の文に)

______

(4) It was easy for you to carry the desk. (疑問文に)

______

(5) To cook breakfast every day is impossible for my brother.
(it で始めてほぼ同じ意味の文に)

______

4 次の英文を読んで，あとの問いに答えなさい。 〔24点〕

In the modern world, people are ①(support) by robots (②) have ③( )( )( ) shapes, sizes, and roles. ④Scientists [more / more / invent / to / and / continuing / are] useful robots. Now, let's look (⑤) some examples. ⑥How do robots make people's dreams come true?

(1) ①の( )内の語を適する形になおしなさい。 〈4点〉

(2) ②の( )に入る語を次から選び，記号を書きなさい。 〈3点〉
ア that　イ what　ウ how ( )

(3) 下線部③が「いろいろの」という意味になるように，( )に適する語を書きなさい。〈4点〉

(4) 下線部④の[ ]内の語を並べかえて，意味の通る英文にしなさい。 〈5点〉
Scientists ________ useful robots.

(5) ⑤の( )に入る語を次から選び，記号を書きなさい。 〈3点〉
ア with　イ at　ウ above ( )

(6) 下線部⑥を日本語になおしなさい。 〈5点〉
( )

5 [ ]内の語句を並べかえて，日本文にあう英文を書きなさい。 5点×3〔15点〕

(1) 歴史を学ぶのはとても難しいです。
[is / learn / to / difficult / very / it / history].

(2) 彼女はますます多くの犬を飼っています。
[has / more / more / dogs / and / she].

やや難 (3) あなたにとって家族を幸せにすることは簡単ではありません。
[make / happy / your family / to / isn't / it / easy / you / for].

6 次の日本文を英語になおしなさい。 5点×3〔15点〕

(1) 彼女が早く起きることは不可能です。

ミス注意！ (2) 私はますますその腕時計が欲しかったです。

(3) 友達を助けることは私たちにとって重要です。

Unit 5

Plastic Waste

関係代名詞 which / that(目的語)

教 p.65～p.69

1 関係代名詞 which(目的語)

チェック！(1)～(3)

「～が…する(もの)」は，関係代名詞の which を使って，〈名詞＋which＋主語＋動詞〉で表す。この目的語の働きをする関係代名詞 which は省略できる。

This is a graph. ＋ I found it on a website.

これはグラフです。 私はそれをあるウェブサイトで見つけました。

it＝a graph
それ＝グラフ

it を which にかえて文頭に置き，a graph の直後に入れる

This is a graph (which) I found on a website.

これは私があるウェブサイトで見つけたグラフです。

which の後の文が名詞(ここでは a graph)を説明している
この which は目的語の働きをするので省略可能

2 関係代名詞 that(目的語)

チェック！(4)～(6)

「～が…する(人・もの)」は，関係代名詞の that を使って，〈名詞＋that＋主語＋動詞〉で表す。この目的語の働きをする関係代名詞 that は省略できる。

The movement spread through social media. ＋ They started it.

その運動はソーシャル・メディアを通じて広まりました。 彼らがそれを始めました。

it＝The movement
それ＝その運動

it を that にかえて文頭に置き，The movement の直後に入れる

The movement (that) they started spread through social media.

彼らが始めた運動はソーシャル・メディアを通じて広まりました。

that の後の文が名詞(ここでは The movement)を説明している
この that は目的語の働きをするので省略可能

関係代名詞(目的語)と関係代名詞(主語)

▶関係代名詞(目的語)は，関係代名詞の後の文の目的語が抜けている。

This is a graph which I found ＿＿ on a website.

which 以下の文で「見つけたもの(目的語)」が抜けている

(これは私があるウェブサイトで見つけたグラフです。)

▶関係代名詞(主語)は，関係代名詞の後の文の主語が抜けている。

This is a graph which ＿＿ shows the amount of plastic waste.

which 以下の文で「何が示しているか(主語)」が抜けている

(これはプラスチックごみの量を示すグラフです。)

後置修飾（しゅうしょく）

教 p.70～p.71

3 後置修飾

チェック！(7)～(10)

名詞の後ろに〈主語＋動詞〉を置いて，名詞を詳しく説明することを後置修飾と言う。用法としては，目的語の働きをする関係代名詞が省略された形と同じである。

This is an article. ＋ I found it.
これは記事です。　　it＝an article　それ＝記事　私はそれを見つけました。

This is an article **I found**.　これは私が見つけた記事です。
I found が名詞(ここでは an article)を後ろから説明している

後置修飾と関係代名詞(目的語)の関係

・後置修飾は，目的語の働きをする関係代名詞が省略された形。
This is an article which I found.　(ものについて言うときの関係代名詞：which)
＝This is an article that I found.　(ものや人について言うときの関係代名詞：that)
＝This is an article I found.　(後置修飾：名詞の後ろに主語＋動詞)

チェック！　(　)内から適する語句を選びなさい。

1
- □ (1) This is the book (which / who) I read yesterday.　これはきのう私が読んだ本です。
- □ (2) That is a cake (who / which) I made.　あれは私が作ったケーキです。
- □ (3) I know (the songs which / which the songs) they like.　私は彼らが好きな歌を知っています。

2
- □ (4) The boy (which / that) I saw there is John.　私がそこで見た男の子はジョンです。
- □ (5) He has many friends (which / that) I like very much.　彼には私がとても好きな友達がたくさんいます。
- □ (6) The place (who / that) we visited in Tokyo is Asakusa.　私たちが東京で訪れた場所は浅草です。

3
- □ (7) Show me the photos (you / you that) took in Nara.　あなたが奈良で撮った写真を私に見せてください。
- □ (8) Is that the dog (has he / he has) in France?　あれは彼がフランスで飼っている犬ですか。
- □ (9) I remember the words (she said / which she) then.　私はそのとき彼女が言った言葉を思い出します。
- □ (10) This is the doghouse my grandfather (built / which built).　これは私の祖父が建てた犬小屋です。

チェック！の答えは次ページ

テスト対策問題

テスト対策ナビ

リスニング

♪ a17

1 英文と質問を聞いて，その答えとして適する絵を選び，記号で答えなさい。

(　　　)

2 (1)～(6)は単語の意味を書きなさい。(7)～(10)は日本語を英語にしなさい。

(1) throw (　　　)　(2) single (　　　)
(3) terrible (　　　)　(4) solve (　　　)
(5) recycle (　　　)　(6) article (　　　)
(7) ～を汚染する ＿＿＿＿　(8) 社会の ＿＿＿＿
(9) 傘 ＿＿＿＿　(10) 努力 ＿＿＿＿

2 重要単語
(1)(4)(5)は動詞。
(2)(3)は形容詞。
(6)は名詞。
(7)(9)はつづりに注意。

3 次の日本文にあうように，＿＿に適する語を書きなさい。

(1) このコンピュータを新しいものと取り替えたいです。
I want to ＿＿＿＿ this computer ＿＿＿＿ a new one.

よく出る (2) 彼は英語だけでなく中国語も話すことができます。
He can speak Chinese ＿＿＿＿ ＿＿＿＿ as English.

(3) 外出するときは明かりを消してください。
Please ＿＿＿＿ ＿＿＿＿ lights when you go out.

(4) あなたの夢に見切りをつけないで。
Don't ＿＿＿＿ up ＿＿＿＿ your dreams.

3 重要表現
(1)前置詞 with を用いる。

4 [　]内の語句を並べかえて，日本文にあう英文を書きなさい。

(1) これは生徒たちが使う教室です。
This [use / is / the students / which / the classroom].
This ＿＿＿＿＿＿＿＿＿＿＿＿.

(2) 私が京都で撮った写真を見てください。
Look [I / the photos / Kyoto / took / in / which / at].
Look ＿＿＿＿＿＿＿＿＿＿＿＿.

(3) 姉の作ったケーキはどうでしたか。
How [the cake / my / made / was / which / sister]?
How ＿＿＿＿＿＿＿＿＿＿＿＿?

4 関係代名詞which (目的語)

ポイント
関係代名詞の後ろの語順
①関係代名詞の後ろに動詞
→関係代名詞は主語の働きをする
②関係代名詞の後ろが〈主語＋動詞〉
→関係代名詞は目的語の働きをする

p.43 答　(1) which (2) which (3) the songs which (4) that (5) that (6) that (7) you (8) he has (9) she said (10) built

5 次の英文を読んで，あとの問いに答えなさい。

Please look at this photo. ① It's shocking, (　　)(　　)? ② This〔 a graph / I / is / found / which 〕on a website. ③ It shows the amount of plastic packaging waste per person. The U.S. ranks first. Japan ranks second.

(1) 下線部①が「それは衝撃的ですよね。」という意味になるように，(　)に適する語を書きなさい。 ＿＿＿＿ ＿＿＿＿

(2) 下線部②の〔　〕内の語句を並べかえて，意味の通る英文にしなさい。

This ＿＿＿＿＿＿＿＿ on a website.

(3) 下線部③が指すものを本文中の英語 2 語で書きなさい。

＿＿＿＿＿＿＿＿

(4) 本文によると，1 人あたりのプラスチック包装ごみの量が最も多い国はどこですか。本文中の英語で答えなさい。

＿＿＿＿＿＿＿＿

5 本文の理解

(2)目的語の働きをする関係代名詞を使った文。

(3)直前の文に書かれている。

6 次の 2 つの文を関係代名詞 that を使って 1 文にしなさい。

(1) This is the key. I lost it yesterday.

This ＿＿＿＿＿＿＿＿.

(2) The man is a famous singer. You met him at the station.

The man ＿＿＿＿＿＿＿＿.

6 関係代名詞 that (目的語)

ポイント

関係代名詞 that は直前の名詞が人の場合，ものや動物の場合のいずれでも使うことができる。

7 次の英文を日本語になおしなさい。

(1) The game I watched yesterday was exciting.

(　　　　　　　　　　)

(2) Do you know the sport your brother loves?

(　　　　　　　　　　)

(3) The girl you met last week is not here today.

(　　　　　　　　　　)

7 後置修飾(しゅうしょく)

ミス注意！

目的語の働きをする関係代名詞は省略されることがある。

8 (　)内の語を用いて，次の日本文を英語になおしなさい。

(1) これは私が先月読んだ本です。(which)

＿＿＿＿＿＿＿＿

(2) 私が先週の日曜日に見た映画はおもしろかったです。(which)

＿＿＿＿＿＿＿＿

ミス注意！ (3) あなたが公園で見た男の人は誰(だれ)ですか。(that)

＿＿＿＿＿＿＿＿

8 英作文

(2) the movie が文全体の主語になる。

(3)疑問詞 who を使った疑問文に関係代名詞を用いる。

 解答 p.16

テストに出る！
予想問題 Unit 5 Plastic Waste

30分 /100点

1 対話と質問を聞いて，その答えとして適するものを１つ選び，記号で答えなさい。 ♪a18 3点×2〔6点〕

(1) ア Taku's father. イ Taku's brother.
ウ Meg. エ Meg's father. (　　)

(2) ア A famous artist. イ A famous actor.
ウ Tim's mother. エ Tim. (　　)

2 次の日本文にあうように，___に適する語を書きなさい。 3点×4〔12点〕

(1) あなたがきのう見た男の子は私の弟です。
The boy ________ ________ yesterday is my brother.

(2) 彼が今食べている食べ物は日本で作られます。
The food ________ he ________ eating now is made in Japan.

ミス注意！ (3) これは私たちがその書店で買った本ではありません。
This is not the book ________ ________ at the bookstore.

(4) あれはあなたのお父さんが見つけた鳥ですか。
Is that the bird your ________ ________?

3 次の下線部の関係代名詞が省略できれば○，省略できなければ×を書きなさい。3点×5〔15点〕

(1) He is a teacher <u>who</u> teaches us English. (　　)
(2) The woman <u>that</u> we saw there is Emily's sister. (　　)
(3) This is the song <u>which</u> I like very much. (　　)
(4) The temple <u>that</u> we visited in Kyoto was very beautiful. (　　)
(5) I want a new bike <u>which</u> runs fast. (　　)

4 〔　〕内の語句を並べかえて，日本文にあう英文を書きなさい。 5点×3〔15点〕

(1) 彼女は今朝私が病院で会った女の子です。
〔 met / she / at the hospital / the girl / is / I 〕 this morning.
____ this morning.

(2) ティナが作った動画はすばらしかったです。
〔 great / Tina / that / was / made / the video 〕.
____

(3) あなたが食べているチョコレートは世界中で人気があります。
The chocolate 〔 are / is / the world / eating / popular / you / that / over / all 〕.
The chocolate ____.

5 次の英文を読んで，あとの問いに答えなさい。〔20点〕

Then we discussed the various problems in Bali. ①We found that one huge problem was plastic waste. ②However, that〔 was / so / a problem / solve / we / easily / couldn't 〕. (③), we decided to focus (④) ⑤something we use every day: plastic bags.

(1) 下線部①を日本語になおしなさい。〈4点〉

(　　　　　　　　　　　　　　　　　　　　)

(2) 下線部②の〔 〕内の語句を並べかえて，意味の通る英文にしなさい。〈4点〉

However, that ______________________________.

よく出る (3) ③の(　)に入る語を次から選び，記号を書きなさい。〈4点〉

ア Instead　イ What　ウ Well　(　　)

(4) ④の(　)に入る適切な前置詞を書きなさい。〈4点〉

____

(5) ⑤が指すものを本文中の2語で書きなさい。〈4点〉

__________ __________

ミス注意！ **6** 次の2つの文を1文にしなさい。ただし，関係代名詞は省略すること。4点×4〔16点〕

(1) Show us the photo. You took it in Australia.

____

(2) My brother introduced some friends. I knew them.

____

(3) The mountain is the highest in this town. You can see it from here.

____

(4) The chair looks nice. My sister made it.

____

7 次の日本文を英語になおしなさい。4点×4〔16点〕

(1) 私の妹は私が10年前に買った自転車を欲しがっています。

____

(2) 私たちがきのう会った人々は私たちにとても親切でした。

____

(3) 私が書いた本は難しかったですか。

____

(4) そのロボットが料理した料理はとてもおいしかったです。

____

Unit 6

The Chorus Contest

テストに出る！ ココが要点＆チェック！

後置修飾（しゅうしょく）

教 p.75～p.79

1 後置修飾（動詞の -ing 形）

チェック！★(1)～(3)

名詞の後ろに動詞の -ing 形を置いて，その名詞（人・もの）についての説明をする。現在進行形のような「～している」という意味を付け加える。

There are two people **playing** one piano.　1台のピアノを弾いている2人の人がいます。

（two people ← ～している ／ playing：play の -ing 形）

動詞の -ing 形の作り方〈復習〉

大部分の語⇒そのまま -ing を付ける
watch（見る）→　watching，read（読む）→　reading
〈子音字（しいんじ）＋e〉で終わる語⇒ e をとって -ing を付ける
come（来る）→　coming，have（食べる）→　having
〈短く発音する母音（ぼいん）＋子音字〉で終わる語⇒子音字を重ねて -ing を付ける
sit（座る）→　sitting，swim（泳ぐ）→　swimming

2 後置修飾（過去分詞）

チェック！★(4)～(6)

名詞の後ろに動詞の過去分詞を置いて，その名詞（人・もの）についての説明をする。受け身の文のような「～された」という意味を付け加える。

They're wearing T-shirts **designed** by Tina.　彼らはティナによってデザインされたTシャツを着ています。

（T-shirts ← ～された ／ designed：design の過去分詞）

動詞の過去分詞〈復習〉

大部分の語⇒そのまま ed を付ける
design →　designed，clean（掃除（そうじ）する）→　cleaned
最後に d を付ける
bake（焼く）→　baked，dance（踊る）→　danced
不規則に変化するもの
・過去形と同じ形
　make（作る）→　made，build（建てる）→　built
・過去形と異なる形
　write（書く）→　written（過去形は wrote），take（取る）→　taken（過去形は took）
・動詞の元の形と同じ形
　cut（切る）→　cut，hurt（傷つける）→　hurt

間接疑問文

教 p.80～p.81

3 間接疑問文

→チェック!★(7)(8)

疑問詞で始める疑問文が，ほかの文の中で，目的語の役割として使われている文を間接疑問文と言う。間接疑問文では，疑問詞の後が〈主語＋動詞〉の語順になる。

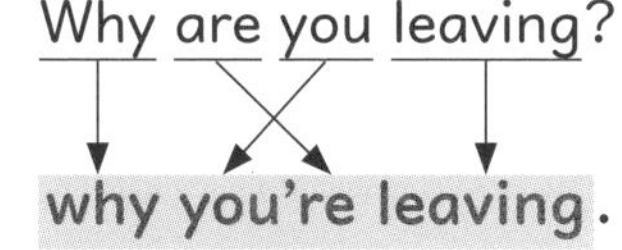

Why are you leaving?

なぜあなたは去るのですか。

Tell us **why you're leaving**.　なぜあなたが去るのかを私たちに教えてください。

私たちに教えてください　なぜあなたが去るのかを

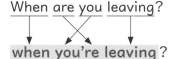

When are you leaving?

あなたはいつ去るのですか。

Do you know **when you're leaving**?　あなたは，いつあなたが去るのかを知っていますか。

あなたは知っていますか　いつあなたが去るのかを

疑問詞〈復習〉

what（何）	who（誰）
when（いつ）	why（なぜ）
where（どこで）	how（どのようにして）

☆チェック!　(　)内から適する語を選びなさい。

1

□ (1) The man (speaks / speaking) English is Ken.　英語を話している男性はケンです。

□ (2) Emi has a friend (studying / studied) in Spain.
エミにはスペインで勉強している友人がいます。

□ (3) The baby (sleeps / sleeping) in the bed is very pretty.
ベッドで眠っている赤ちゃんはとてもかわいらしいです。

2

□ (4) The lunch (cooking / cooked) by you was delicious.
あなたによって料理された昼食はとてもおいしかったです。

□ (5) What are the languages (spoke / spoken) in Canada?
カナダで話されている言語は何ですか。

□ (6) She gave me a camera (make / made) in the U.S.
彼女は私にアメリカ合衆国で作られたカメラをくれました。

3

□ (7) I want to know (what / when) he will go on a trip.
私は彼がいつ旅行に出かけるのか知りたいです。

□ (8) Please tell me (when / who) painted this picture.
誰がこの絵を描いたのか私に教えてください。

テスト対策問題

リスニング

♪ a19

1 英文と質問を聞いて，その答えとして適するものを１つ選び，記号で答えなさい。

(1) ア Rob.　イ Rob's father.
ウ Rob's mother.　(　　)

(2) ア Ken.　イ Ken's mother.
ウ Ken's grandfather.　(　　)

2 (1)～(6)は単語の意味を書きなさい。(7)～(10)は日本語を英語にしなさい。

(1) invite (　　)　(2) matter (　　)
(3) strange (　　)　(4) trouble (　　)
(5) until (　　)　(6) piece (　　)
(7) ～している間に ______　(8) 女性 ______
(9) 少数の ______　(10) ～をデザインする ______

2 重要単語
(2)名詞。
(3)形容詞。
(10)つづりに注意。

3 次の日本文にあうように，____に適する語を書きなさい。

よく出る (1) その箱の中にいくつかのリンゴがあります。
There are ______ ______ apples in the box.

(2) 私は困っています。
I am ______ ______.

(3) 私は今朝，1切れのピザを食べました。
I had ______ ______ of pizza this morning.

(4) 私の友達が東京に引っ越しました。
My friend ______ ______ Tokyo.

(5) 彼女は4月の初めに先生になりました。
She became a teacher at the ______ ______ April.

(6) そのバスは雨が原因で遅れました。
The bus was delayed ______ ______ the rain.

3 重要表現
(5) beginning「初め」を使った表現。
(6)because「～だから」を使った表現。

4 次の各組の文がほぼ同じ内容を表すように，____に適する語を書きなさい。

ミス注意！ (1) The woman is Mika. She is making a cake.
The woman ______ a cake is Mika.

(2) There are many boys in the park. They are playing soccer.
There are many boys ______ soccer in the park.

4 後置修飾(動詞の -ing 形)

おぼえよう!
make の語尾は〈子音字＋e〉なので，e を取って -ing 形にする。

p.49 答　(1) speaking　(2) studying　(3) sleeping　(4) cooked　(5) spoken　(6) made　(7) when　(8) who

5 次の対話文を読んで，あとの問いに答えなさい。

Kota: What's the matter? Are you (①) trouble?
Eri: ② [I / while / wrist / was / I / twisted / my] playing basketball.
I don't think I can play the piano at the chorus contest.
Tina: What should we do? We have only a few days (③) the contest.
Kota: I have an idea. Look at this video. There are two people ④(play) one piano.
We could try that.

(1) ①の( )内に適する語を書きなさい。 ________
(2) 下線部②の[ ]内の語を並べかえて,意味の通る英文にしなさい。
________ playing basketball.
(3) ③の( )に入る語を次から選び，記号を書きなさい。
ア until　イ of　ウ in　( )
(4) ④の( )内の語を適する形になおしなさい。 ________

5 本文の理解
(1)前置詞を補う。
(3)「〜まで」という意味の単語。

6 次の文の___に，( )内の語を適する形に変えて書きなさい。
(1) I use the bag ________ by my aunt. (buy)
(2) I read the novel ________ by a famous writer. (write)
(3) Let me show the pictures ________ by my brother. (paint)
(4) I had the dish ________ by my sister. (cook)

6 後置修飾(過去分詞)

ミス注意！
不規則動詞の過去分詞
buy → bought
write → written

7 [ ]内の語句を並べかえて，日本文にあう英文を書きなさい。
よく出る (1) 私は彼がいつニューヨークに行くのか知りません。
[he / New York / don't / when / I / go / know / to / will].
____
(2) 彼女は図書館がどこにあるかを知りたがっています。
[to / the library / wants / is / she / where / know].
____

7 間接疑問文

ポイント
間接疑問文は〈疑問詞＋主語＋動詞〉の語順。

8 次の日本文を指定された語数の英語になおしなさい。
(1) あなたによって焼かれたケーキはとてもおいしかったです。(7語)
____
(2) テニスをしている女性は私の姉です。(7語)
____
(3) 彼がなぜ怒っているのか私に教えてください。(7語)
____

8 英作文
(1) bake「〜を焼く」。
(2)動詞の -ing 形を使って後置修飾する。
(3)間接疑問文。

解答 p.18

テストに出る！

予想問題 Unit 6 ① The Chorus Contest

30分 /100点

1 対話と質問を聞いて，その答えとして適する絵を選び，記号で答えなさい。 a20 〔4点〕

ア  イ  ウ  エ 

（　　　）

2 次の日本文にあうように，____に適する語を書きなさい。 3点×7〔21点〕

よく出る (1) ジョンは私に１枚の紙をくれました。
John gave me a ________ ________ paper.

(2) 彼は大阪に引っ越すつもりです。
He is going to ________ ________ Osaka.

(3) ジョンと一緒にギターを弾いている少女はサニーです。
The girl ________ the guitar with John is Sunny.

(4) 最終試験まで数日しかありません。
We have only ________ ________ days until the final exam.

(5) 私は彼らがいつ奈良に着くのか知りません。
I don't know ________ they will arrive in Nara.

(6) 天候が原因で，彼女は具合が悪くなった。
She became sick ________ ________ the weather.

(7) 私たちは私の母によって作られたピザを食べています。
We are eating the pizza ________ ________ my mother.

3 次の各組の英文がほぼ同じ内容を表すように，____に適する語を書きなさい。 4点×5〔20点〕

ミス注意！ (1) What does he study? I don't know it.
I don't know ________ ________ studies.

(2) Do you know my sister's birthday?
Do you know ________ ________ sister was born?

(3) Where is Mr. Brown from? Kim knows it.
Kim knows where Mr. Brown ________ ________.

(4) Please tell me the writer of this novel.
Please tell me ________ ________ this novel.

(5) I have a brother. He is working as a vet.
I have a brother ________ ________ a vet.

4 次の対話文を読んで，あとの問いに答えなさい。〔22点〕

Ms. Rios: Here they are.
Nick: Look! They're wearing T-shirts ①(design) by Tina.
Mr. Rios: Kota is the conductor, (②) Tina will sing a solo part.
Nick: The boy ③(play) the piano with Eri is Hajin.
④ Eri hurt her wrist, so Hajin is helping her.
Ms. Rios: ⑤ That's really nice.

(1) ①，③の( )内の語を適する形になおしなさい。 4点×2〈8点〉

① ＿＿＿＿＿＿ ③ ＿＿＿＿＿＿

ミス注意! (2) ②の( )に適する語をア～ウから選び，記号を○で囲みなさい。 〈4点〉

ア because イ when ウ and

(3) 下線部④を日本語になおしなさい。 〈5点〉

( )

(4) 下線部⑤の指すものを日本語で具体的に書きなさい。 〈5点〉

( )

5 〔 〕内の語句を並べかえて，日本文にあう英文を書きなさい。 5点×3〔15点〕

やや難 (1) 私は彼女がどんな種類の食べ物が好きなのか知りたいです。

〔 I / what / kind / to / food / she / know / want / of / likes 〕.

＿＿＿＿＿＿＿＿＿＿＿＿＿＿＿＿

(2) あそこで踊っている男性は私の祖父です。

〔 the man / there / over / my grandfather / dancing / is 〕.

＿＿＿＿＿＿＿＿＿＿＿＿＿＿＿＿

(3) 彼らがコンサートに招待された生徒たちです。

〔 to / the students / are / they / invited / the concert 〕.

＿＿＿＿＿＿＿＿＿＿＿＿＿＿＿＿

6 次の日本文を後置修飾(しゅうしょく)を使った英語になおしなさい。 6点×3〔18点〕

よく出る (1) ドアのそばに立っている少年は私の弟です。

＿＿＿＿＿＿＿＿＿＿＿＿＿＿＿＿

(2) 彼女はインドで作られた映画が好きです。

＿＿＿＿＿＿＿＿＿＿＿＿＿＿＿＿

(3) 京都には観光客によって訪問される寺がたくさんあります。

＿＿＿＿＿＿＿＿＿＿＿＿＿＿＿＿

テストに出る！
予想問題 Unit 6 ② The Chorus Contest

30分　/100点

1 対話と質問を聞いて，その答えとして適するものを１つ選び，記号で答えなさい。 a21

3点×2〔6点〕

(1) ア Near the door.　イ On the stage.
ウ Near the table.　エ At the gate.　(　　)

(2) ア Mina.　イ Mike.
ウ Mina's brother.　エ Mina's mother.　(　　)

2 次の日本文にあうように，____に適する語を書きなさい。 3点×6〔18点〕

よく出る (1) アイスクリームを食べているあの男性は誰(だれ)ですか。
Who is that man ________ ice cream?

ミス注意！ (2) なぜ彼らが笑っているのか私たちに教えてください。
Tell us ________ they are ________.

(3) 彼女は彼女の祖母によって作られたコートを着ています。
She is wearing a coat ________ ________ her grandmother.

(4) 彼は少数の皿しか持っていません。
He has only ________ ________ dishes.

(5) 私の母はそのいすが原因で足を痛めました。
My mother hurt her foot ________ ________ the chair.

(6) ついに，トムは東京に引っ越すことに決めました。
At last, Tom decided to ________ ________ Tokyo.

3 〔　〕内の語句を並べかえて，日本文にあう英文を書きなさい。 5点×4〔20点〕

(1) 私は夏休みの間，あなたがどこに行ったのかを知っています。
〔 know / your summer vacation / during / I / where / went / you 〕.

____

(2) 舞台の上で歌っている女性は私の母です。
〔 the woman / my mother / is / on / singing / the stage 〕.

____

ミス注意！ (3) 彼女はタロウによってデザインされた帽子が好きです。
〔 likes / by / the hat / Taro / she / designed 〕.

____

(4) あなたはティムが何を料理しているのか知っていますか。
〔 you / do / Tim / what / know / cooking / is 〕?

____

4 次の対話文を読んで，あとの問いに答えなさい。 〔16点〕

Tina: I have (①) leave Japan.
Kota: What? Tell us why you're leaving.
Tina: ② My family is moving〔job / to / of / London / because / my / father's〕.
Hajin: ③ Do you know when you're leaving?
Tina: At the beginning (④) March.

よく出る (1) ①の( )内に適する語を書きなさい。 〈3点〉

____

(2) 下線部②の〔 〕内の語を並べかえて，意味の通る英文にしなさい。 〈4点〉
My family is moving ________________________.

(3) 下線部③を日本語になおしなさい。 〈5点〉
( )

(4) ④の( )に適する語をア～ウから選び，記号を○で囲みなさい。 〈4点〉
ア for イ of ウ at

5 次の各組の文がほぼ同じ内容を表すように，____に適する語を書きなさい。 4点×5〔20点〕

(1) Anna has a friend who is working in Canada.
Anna has a friend ________ in Canada.

(2) What is the language people speak in Argentina?
What is the language ________ in Argentina?

(3) I know the writer of this mystery novel.
I know ________ ________ this mystery novel.

(4) Where is the hospital? Please tell me it.
Please tell me where the ________ ________.

(5) Why is he sad? Do you know it?
Do you know ________ ________ is sad?

6 次の日本文を英語になおしなさい。 5点×4〔20点〕

(1) これは私の祖父によって建てられた家です。

____

(2) 私はトム(Tom)がいつアメリカ合衆国に行くつもりなのかを知っています。

____

(3) 台所で料理をしている女性は私の姉です。

____

ミス注意! (4) あなたのお兄さんが何を勉強しているのか私に教えてくれませんか。

____

Tina's Speech ～ Changing the World ～ Goodbye, Tina

テストに出る！ ココが要点＆チェック！

疑問詞＋to＋動詞の原形

教 p.89～p.91

1 疑問詞＋to＋動詞の原形

➡チェック！(1)～(3)

「何を[が]～するか」は，疑問詞の what を使って，〈what to＋動詞の原形〉で表す。「～のしかた」は，疑問詞の how を使って，〈how to＋動詞の原形〉で表す。

I didn't know **what to expect** when I got there.
└〈what to＋動詞の原形〉「何を[が]～するか」

私はそこに着いたときに何を予期すればよいのかわかりませんでした。

I thought I should learn **how to use** chopsticks.
└〈how to＋動詞の原形〉「～のしかた」

私ははしの使い方を学ぶべきだと思いました。

そのほかの〈疑問詞＋to＋動詞の原形〉の表現

〈when to＋動詞の原形〉→「いつ～するか」
〈where to＋動詞の原形〉→「どこで[へ]～するか」
〈which to＋動詞の原形〉→「どちらを～するか」

仮定法（If I could ...）

教 p.92～p.95

2 仮定法（If I could ...）

➡チェック！(4)～(7)

「もしも（今）～だったら，…だろうに」は，if の後で動詞または助動詞の過去形を使う。この表現を仮定法と言い，事実と異なる仮定の内容を表す。

If I could speak to that worried girl, I would say, "There's no need to worry."
└could：助動詞 can の過去形　└would：助動詞 will の過去形

もしも私がその心配している女の子に話しかけることができるなら，
「何の心配もいらない。」と言ってあげるだろうに。

仮定法の表す意味

仮定法は，事実と異なる内容や，実現しないであろうことを表す。
実際に予定されていることや，起こりうることについては，仮定法を用いない。

▶実際に起こりうること
If I am free, I can play baseball.
もし暇だったら，私は野球ができます。
※いま暇かどうか，野球ができるかどうかはわからない。

▶事実とは異なること
If I were free, I could play baseball.
もし暇だったら，私は野球ができるのに。
※いまは暇ではなく，野球をすることができない。

仮定法(I wish you were ....)

教 p.103～p.109

3 仮定法(I wish you were ....)

➡チェック!★(8)～(10)

「もしも(今)～だったらいいのに」は，I wish に続く文で動詞または助動詞の過去形を使って表す。現在の事実と異なることや，簡単に実現しないことへの願望を表す。

I wish you weren't leaving.　あなたが去らなければいいのに。
└be 動詞の過去形

I wish I could stay.　私がとどまることができたらいいのに。
└助動詞 can の過去形

仮定法で使う be 動詞 were

通常主語が I のとき，be 動詞の過去形は was を使うが，仮定法では were を使うことが多い。
仮定法では主語に関わらず be 動詞 were を使うことができる。

▶一般的な過去の文
When I was a child, I could ride a unicycle.
私が子供のとき，私は一輪車に乗ることができました。

▶仮定法の文
If I were a bird, I could fly to your house.
△If I was a bird, I could fly to your house.
もし私が鳥だったら，あなたの家に飛んでいけるのに。

☆チェック!　(　)内から適する語句を選びなさい。

1
- □ (1) She knows (what / which) to do now.　彼女は今何をしたらよいか知っています。
- □ (2) Do you know (what / how) to run fast?　あなたは速く走る方法を知っていますか。
- □ (3) I didn't know when (start / to start) swimming.　私はいつ泳ぎ始めたらよいのかわかりませんでした。

2
- □ (4) If I (lived / living) in the White House, I would invite you.　もし私がホワイトハウスに住んでいたら，あなたを招待するのに。
- □ (5) If she had a bike, I (can / could) borrow it.　もし彼女が自転車を持っていれば，私はそれを借りられるのに。
- □ (6) If they (are / were) near me, I would stay with them.　もし彼らが私の近くにいたら，私は彼らの家に滞在するのに。
- □ (7) If I (am / were) you, I would talk to her.　もし私があなただったら，彼女に話しかけるのに。

3
- □ (8) I wish I (can / could) fly to the country.　その国まで飛べたらいいのに。
- □ (9) I wish he (know / knew) me.　彼が私を知ってくれていたらいいのに。
- □ (10) I wish you (are / were) here.　あなたがここにいればいいのに。

テスト対策問題

リスニング

♪ a22

1 対話と質問を聞いて，その答えとして適するものを１つ選び，記号で答えなさい。

(1) ア Dan's father.　イ Dan.
　ウ Yumi's father.　エ Yumi.　(　　)

(2) ア A mug.　イ A ruler.
　ウ A hat.　エ A lunchbox.　(　　)

2 (1)～(6)は単語の意味を書きなさい。(7)～(10)は日本語を英語にしなさい。

(1) government (　　)　(2) suddenly (　　)
(3) spend (　　)　(4) possible (　　)
(5) helpful (　　)　(6) accept (　　)
(7) ～以内に[で] ＿＿＿＿　(8) 退屈した ＿＿＿＿
(9) 卒業する ＿＿＿＿　(10) ～の方へ ＿＿＿＿

3 次の日本文にあうように，＿＿に適する語を書きなさい。

ミス注意! (1) 私は英語でスピーチをしたいです。
I want to ＿＿＿＿ a ＿＿＿＿ in English.

(2) そのびんは牛乳でいっぱいでした。
The bottle was ＿＿＿＿ ＿＿＿＿ milk.

(3) 私たちは火を起こしたことがありません。
We have never ＿＿＿＿ a ＿＿＿＿.

よく出る (4) 彼女の考えはあなたのものとは違(ちが)っていました。
Her idea was ＿＿＿＿ ＿＿＿＿ yours.

よく出る (5) 休みの間，連絡を取り合いましょう。
Let's ＿＿＿＿ in ＿＿＿＿ during the vacation.

4 次の日本文にあうように，(　)内から適する語を選び，記号を○で囲みなさい。

(1) 彼女は今，何を食べたらよいか考えています。
She is thinking about (ア when　イ where　ウ what) to eat now.

ミス注意! (2) 数学を勉強する方法を教えてください。
Please teach me (ア how　イ when　ウ what) to study math.

(3) 私たちは明日いつ出発するのかわかりません。
We don't know (ア how　イ what　ウ when) to leave tomorrow.

(4) 彼はどこでバスを降りたらよいか私に教えてくれました。
He told me (ア where　イ what　ウ how) to get off the bus.

2 重要単語
(1)は名詞。
(2)は副詞。
(3)(6)は動詞。
(4)(5)は形容詞。

3 重要表現
(2)(4)形容詞と前置詞をセットで覚える。
(3)現在完了の文なので，動詞は過去分詞にする。

おぼえよう!
build の過去分詞
→ built

4 疑問詞＋to＋動詞の原形

ポイント
what to ～
「何を[が]～するか」
how to ～
「～のしかた」
when to ～
「いつ～するか」
where to ～
「どこで[へ]～するか」

p.57 答　(1) what　(2) how　(3) to start　(4) lived　(5) could　(6) were　(7) were　(8) could　(9) knew　(10) were

5 次の英文を読んで，あとの問いに答えなさい。

We feel sad when we're lonely. ① It's important to respect each other and try to understand each other. I learned ② this from my experiences in Japan. If I could speak to that worried girl of three years ago, I ③(will) say, "There's no need to worry. You're going (④) have a wonderful adventure in Japan!"

(1) 下線部①を日本語になおしなさい。
( )

(2) 下線部②が指すものを日本語で書きなさい。
( )

(3) ③の( )内の語を適する形になおしなさい。 ______

(4) ④の( )に適する語を書きなさい。 ______

5 本文の理解

(1) to 以降の語句が主語になる意味。
(2)直前の文の内容を指す。
(3)仮定法の文。

6 次の日本文にあうように，( )内の語を適切な形になおして，全文を書きなさい。

ミス注意! (1) もし私がお金持ちなら，私はとても幸せなのに。
If I (am) rich, I (will) be very happy.

______

(2) もし私にもっと時間があったら，その寺を訪れることができるのに。
If I (have) more time, I (can) visit the temple.

______

6 仮定法 If ～

ミス注意!
仮定法の be 動詞
be 動詞は本来，主語にあわせて形を変えるが，仮定法の文では主語に関係なく were を使うことが多い。

7 〔 〕内の語を並べかえて，日本文にあう英文を書きなさい。

(1) 私が中国語を話せたらいいのに。
〔 could / Chinese / wish / I / speak / I 〕.

______

(2) あなたが私の妹だったらいいのに。
〔 you / my / wish / sister / were / I 〕.

______

7 仮定法 I wish ～
I wish に続く文で動詞または助動詞の過去形を使って，「もしも(今)～だったらいいのに」という意味を表す。

8 次の日本文を英語になおしなさい。

(1) 私の母は何を買ったらよいか私に言いました。

______

(2) もし私が十分なお金を持っていたら，その車が買えるのに。

______

ミス注意! (3) あなたが車を運転することができたらいいのに。

______

8 英作文
(1)「何を[が]～するか」は what to ～で表す。
(2) If を使った仮定法の文。
(3) I wish を使った仮定法の文。

テストに出る！予想問題 Unit 7 ～ Let's Read 3 ～ Unit 8 ①
Tina's Speech ～ Changing the World ～ Goodbye, Tina

30分　/100点

1 対話と質問を聞いて，その答えとして適する絵を選び，記号で答えなさい。 a23 〔5点〕

ア 
イ 
ウ 
エ 

（　　　）

2 次の文の（　）内から適する語を選び，記号を○で囲みなさい。 3点×6〔18点〕

(1) I wish I (ア can　イ could) fly to you.
(2) I wish he (ア were　イ is) my teacher.
(3) If I (ア have　イ had) a million yen, I would travel all over the world.
(4) If it (ア was　イ were) sunny today, we could go to the sea.
(5) If I (ア am　イ were) John, I would not buy the table.
(6) If my grandmother (ア were　イ is) younger, I could take her to France.

3 次の日本文にあうように，＿＿に適する語を書きなさい。 3点×3〔9点〕

(1) 私は次に何をしたらよいかわかりません。
I don't know ＿＿＿＿ ＿＿＿＿ do next.
(2) 彼らはどこで電車を降りたらよいか知っていました。
They knew ＿＿＿＿ ＿＿＿＿ get off the train.
(3) 美術館への行き方はわかりますか。
Do you know ＿＿＿＿ ＿＿＿＿ get to the museum?

4 〔　〕内の語句を並べかえて，日本文にあう英文を書きなさい。 4点×3〔12点〕

(1) 私がピアノをひくのがもっと上手だったらいいのに。
I 〔 at / better / playing / were / I / the piano / wish 〕.
I ＿＿＿＿＿＿＿＿＿＿＿＿＿＿＿＿.
(2) もし私があなただったら，すぐに彼を訪問するのに。
If 〔 him / were / would / right / you / I / , / I / visit / away 〕.
If ＿＿＿＿＿＿＿＿＿＿＿＿＿＿＿＿.
やや難 (3) この花を英語で何とよぶか教えてください。
Please 〔 what / flower / me / to / English / tell / call / this / in 〕.
Please ＿＿＿＿＿＿＿＿＿＿＿＿＿＿＿＿.

5 次の会話文を読んで，あとの問いに答えなさい。 〔16点〕

Tina:	①All the usual faces are here. I'm so happy!
Hajin:	I can't believe you're leaving (②) an hour.
Eri:	Me, neither. I wish you ③(aren't) leaving.
Tina:	I know. ④〔 I / I / wish / stay / could 〕. I will miss you guys so much.

(1) 下線部①を日本語になおしなさい。 〈4点〉

(　　　　　　　　　　　　　　　　　　　　　　　　　　)

(2) ②の(　)に入る語を次から選び，記号を書きなさい。 〈4点〉

ア within　　イ on　　ウ of　　(　　　)

(3) ③の(　)内の語を適する形になおしなさい。 〈4点〉

____

(4) 下線部④の〔　〕内の語を並べかえて，意味の通る英文にしなさい。 〈4点〉

____

6 次の2つの文がほぼ同じ意味になるように，____に適する語を書きなさい。 4点×5〔20点〕

(1) Can you tell me the way to the zoo?
Can you tell me ________ ________ get to the zoo?

ミス注意! (2) Because I am busy now, I can't go out with you.
If I ________ not busy now, I ________ go out with you.

(3) I'm sorry that he doesn't have a car.
I wish ________ ________ a car.

(4) I'm sorry that my sister cannot swim well.
I wish my sister ________ swim well.

(5) What should we learn here? We don't know it.
We don't know ________ ________ learn here.

7 次の日本文を英語になおしなさい。 5点×4〔20点〕

(1) 私はこの箱の開け方がわかりません。

____

(2) もしたくさんのお金を持っていたら，私は高価な自転車を買うのに。

____

よく出る (3) 私が上手にフランス語を話せたらいいのに。

____

(4) 私たちの町にたくさんの図書館があったらいいのに。

____

 解答 p.23

テストに出る！
予想問題
Unit 7 ～ Let's Read 3 ～ Unit 8 ②
Tina's Speech ～ Changing the World ～ Goodbye, Tina

30分

/100点

1 英文と質問を聞いて，その答えとして適するものを１つ選び，記号で答えなさい。 a24 4点×2〔8点〕

(1) ア What to throw away on streets.
イ What to do for the earth.
ウ How to turn off lights.
エ When to buy lights. (　　)

(2) ア She would buy bags.
イ She would travel all over the world.
ウ She would buy a house.
エ She would live in a different country. (　　)

2 次の日本文にあうように，＿＿に適する語を書きなさい。 4点×6〔24点〕

(1) 私たちは魚を戻すためにその川を掃除しました。
We cleaned the river to ＿＿＿＿ fish ＿＿＿＿.

(2) 彼はまるで何も知らないかのように私の顔を見ました。
He looked at my face ＿＿＿＿ ＿＿＿＿ he knows nothing.

よく出る (3) 父は他人のために働くのをいとわなかったです。
My father was ＿＿＿＿ ＿＿＿＿ work for others.

(4) 私はその試合で最善を尽くします。
I'll ＿＿＿＿ the ＿＿＿＿ in the game.

(5) あまり落ち込まないで。
Don't ＿＿＿＿ ＿＿＿＿ so much.

(6) 実は私はすしが好きではありません。
The ＿＿＿＿ is ＿＿＿＿ I don't like sushi.

3 次の２つの文がほぼ同じ意味になるように，＿＿に適する語を書きなさい。 5点×4〔20点〕

(1) Tell me the way to the post office.
Tell me ＿＿＿＿ ＿＿＿＿ get to the post office.

ミス注意！ (2) Because I am not free today, I can't play tennis with you.
If I ＿＿＿＿ free today, I ＿＿＿＿ play tennis with you.

(3) What should we prepare for tomorrow? I want to know it.
I want to know ＿＿＿＿ ＿＿＿＿ prepare for tomorrow.

(4) I'm sorry that my mother is very busy now.
I wish my mother ＿＿＿＿ ＿＿＿＿ busy now.

4 ある少女のスピーチ文を読んで，あとの問いに答えなさい。 〔16点〕

①I'm only a child and I don't have all the solutions, but ②〔 you / I / realize / to / want 〕, neither do you! You don't know ③(　　　)(　　　) fix the holes in the ozone layer. You don't know ③(　　　)(　　　) bring salmon back to a dead stream. You don't know ③(　　　)(　　　) bring back an animal now extinct. And you can't bring back the forests that once ④(grow) in areas that are now desert.

(1) 下線部①を日本語になおしなさい。 〈4点〉
(　　　　　　　　　　　　　　　　　　)

(2) 下線部②の〔　〕内の語を並べかえて，意味の通る英文にしなさい。 〈4点〉
＿＿＿＿＿＿＿＿＿＿＿＿＿＿＿＿＿＿,

(3) 下線部③に共通して入る語句を次から選び，記号を書きなさい。 〈4点〉
ア what to　　イ how to　　ウ where to　　(　　)

(4) ④の(　)内の語を適する形になおしなさい。 〈4点〉
＿＿＿＿＿＿

5 〔　〕内の語句を並べかえて，日本文にあう英文を書きなさい。 5点×4〔20点〕

(1) もし彼が事実を知らなければ，彼は幸せだろうに。
If 〔 the fact / he / he / be / didn't / , / know / would / happy 〕.
If ＿＿＿＿＿＿＿＿＿＿＿＿＿＿＿＿＿＿.

ミス注意! (2) 私の母は私にチェスのしかたを教えてくれました。
〔 taught / me / how / to / chess / play / my mother 〕.
＿＿＿＿＿＿＿＿＿＿＿＿＿＿＿＿＿＿

(3) 私があのテニス選手に話しかけることができたらいいのに。
〔 that / wish / I / could / I / talk / to / player / tennis 〕.
＿＿＿＿＿＿＿＿＿＿＿＿＿＿＿＿＿＿

(4) 私が今そのパンダを見ることができたらいいのに。
〔 wish / I / I / could / the panda / see / now 〕.
＿＿＿＿＿＿＿＿＿＿＿＿＿＿＿＿＿＿

6 次の日本文を英語になおしなさい。 6点×2〔12点〕

よく出る (1) 私があなたの家の近くに住んでいたらいいのに。
＿＿＿＿＿＿＿＿＿＿＿＿＿＿＿＿＿＿

(2) もしあなたがここにいたら，私はあなたを手伝うだろうに。
＿＿＿＿＿＿＿＿＿＿＿＿＿＿＿＿＿＿

動詞の形の変化をおさえましょう。

※[ ]は発音記号です。

★A・B・C型

原形	現在形	過去形	過去分詞	意味
be	am, is / are	was / were	been [bín]	～である
begin	begin(s)	began	begun	始める
do	do, does	did	done	する
drink	drink(s)	drank	drunk	飲む
eat	eat(s)	ate	eaten	食べる
give	give(s)	gave	given	与える
go	go(es)	went	gone	行く
know	know(s)	knew	known	知っている
see	see(s)	saw	seen	見る
sing	sing(s)	sang	sung	歌う
speak	speak(s)	spoke	spoken	話す
swim	swim(s)	swam	swum	泳ぐ
take	take(s)	took	taken	持っていく
write	write(s)	wrote	written	書く

★A・B・B型

原形	現在形	過去形	過去分詞	意味
bring	bring(s)	brought	brought	持ってくる
build	build(s)	built	built	建てる
buy	buy(s)	bought	bought	買う
feel	feel(s)	felt	felt	感じる
find	find(s)	found	found	見つける
get	get(s)	got	got, gotten	得る
have	have, has	had	had	持っている
hear	hear(s)	heard	heard	聞く
keep	keep(s)	kept	kept	保つ
make	make(s)	made	made	作る
say	say(s)	said [sed]	said [sed]	言う
stand	stand(s)	stood	stood	立っている
teach	teach(es)	taught	taught	教える
think	think(s)	thought	thought	思う

★A・B・A型

原形	現在形	過去形	過去分詞	意味
become	become(s)	became	become	～になる
come	come(s)	came	come	来る
run	run(s)	ran	run	走る

★A・A・A型

原形	現在形	過去形	過去分詞	意味
hurt	hurt(s)	hurt	hurt	傷つける
read	read(s)	read [red]	read [red]	読む
set	set(s)	set	set	準備する

中間・期末の攻略本

取りはずして使えます!

解答と解説

光村図書版　Here We Go!　英語3年

Unit 1

p.4～p.5　テスト対策問題

1 イ

2 (1)技術，技能　(2)～を修理する
(3)2度，2回　(4)公式の，正式の，公用の
(5)～じゅうに，～のあちこちで　(6)～に入る
(7)stomach　(8)carry　(9)thousand
(10)enough

3 (1)walk to　(2)Each，has
(3)put on　(4)close to　(5)at night
(6)Divide，into

4 (1)made　(2)taught　(3)caught
(4)visited　(5)built

5 (1)taught　(2)in
(3)Each of us has a tablet.
(4)私たちはこのデバイスを教科書として使います。

6 (1)Let，ask　(2)him write
(3)me find

7 (1)My friend told me that the exam was hard.
(2)Ms. White tells us we should read more books.

8 (1)The room is cleaned by (the) students every day.
(2)I helped my mother carry the box.

解説

1 受け身の表現に注意して「何人」でするスポーツなのかを聞き取ることがポイント。

It is one of the most popular sports in Japan. Players use their feet and heads to play this sport. It is played by eleven players.

訳　それは日本で最も人気のあるスポーツのうちの1つです。選手はこのスポーツをするために，彼らの足と頭を使います。それは11人の選手によってされます。

「日本で最も人気のあるスポーツ」は**ア**～**ウ**のいずれも正解になる可能性がある。「足と頭を使う」「11人の選手によってされる」から，**イ**のサッカーが正解。

2 (5) across には「～を横断して」という意味もあるが，across the world「世界じゅうに」のように，「～じゅうに」という意味もある。
(7)(9)(10)はいずれもつづりを間違え(まちが)やすい語なので注意が必要。

3 (1)「歩いて通学する」は**walk to school**。
(2) each は3人称(にんしょう)単数扱いをするので，動詞は has にする。
(3)「劇を上演する」は put on a play で表す。
(4)「～にごく近い」は close to ～。この close は形容詞で，動詞の close「閉める」と発音が異なる。
(6)「～を…に分割する」は divide ～ into ... 。

4 いずれも受け身の文にする。
(1) make は過去形，過去分詞ともに made。
(2) teach は過去形，過去分詞ともに taught。
(3) ミス注意! catch は過去形，過去分詞ともに caught。
(4) visit は規則動詞なので，語尾(ごび)に -ed を付けて過去分詞にする。
(5) build は過去形，過去分詞ともに built。

5 (1)過去分詞 taught にすると受け身の意味になり，意味が通る。
(2)「～(言語)で」は in で表す。
(3)「私たちのおのおの」を主語と考えると，意味が通る。

(4) as は「～として」。

6 (1)**〈let＋人・もの〉**の後ろには，動詞の原形を続ける。

(2)(3)〈help＋人〉の後ろには動詞の原形を続ける。

7 (1)〈tell＋人＋that〉で「人に～ということを言う」という意味を表す。

(2)〈tell＋人＋that〉の that が省略されている。

8 (1) by (the) students「生徒たちによって」で動作主を表す。

(2) carry を原形にすることに注意する。

ポイント

• 受け身の意味は〈**be 動詞＋動詞の過去分詞**〉で表すことができる。

p.6～p.7 予想問題 ❶

1 (1)**ウ** (2)**イ**

2 (1)**is visited** (2)**was used** (3)**Let me**

3 (1)**For** (2)**into** (3)**need** (4)**close** (5)**night**

4 (1)**His brother often tells me that he likes this town.**

(2)**This book was bought by my father.**

(3)**helped me clean my room**

5 (1)**Let me show you my school.**

(2)**drama class**

(3)**twice, year**

(4)**私たちの先生たちは私たちが公演の準備をするのを手伝います。**

6 (1)**is used by** (2)**was written, by**

(3)**What, is spoken**

7 (1)**This movie is liked by many[a lot of / lots of] fans.**

(2)**When was this library built?**

(3)**I helped my father wash his[the] car yesterday.**

(4)**If you find him, let me know.[Let me know if you find him.]**

解説

1 (1)受け身の意味に注意して，何の説明をしているのかを考える。

♪ This is used when we drink something. There are many different kinds.

Q：What is this?

訳 これは私たちが何かを飲むときに使われます。たくさんの異なった種類があります。

質問：これは何ですか。

(2)質問では「いつ」をたずねている。

♪ *A*：Look at the picture. This temple was built five hundred years ago.

B：It looks beautiful. How did you find it?

A：I found it on this website.

Q：When was the temple built?

訳 A：その写真を見てください。この寺は500年前に建てられました。

B：それは美しく見えます。あなたはどのようにそれを見つけたのですか。

A：私はそれをこのウェブサイトで見つけました。

質問：その寺はいつ建てられましたか。

2 (1)「～されている」は受け身を表す**〈be 動詞＋動詞の過去分詞〉**で表す。

(2)主語が3人称(にんしょう)単数で過去の文なので，be 動詞には was を使う。

(3)「人に～させる」は**〈let＋人＋動詞の原形〉**で表す。

3 (1) for example で「たとえば」という意味を表す。example は「例」。

(2)「～を…に分割する」と言うとき，前置詞 into を用いる。

(3) need to ～は「～する必要がある」。

(4)形容詞の close は「接近した，ごく近い」。

(5)「夜に」は at night で表す。

4 (1) that の後に発言の内容を表す文を続ける。

(2) buy の過去形・過去分詞は bought。

(3)〈help＋人＋動詞の原形〉の〈人〉には目的語になる形の人称代名詞を用いる。

5 (1)「～させてください」は**〈let＋人＋動詞の原形〉**を使った命令文で表す。

(2)直前の文に drama class とある。

(3) **a** には「～につき」という意味もある。

6 (1)(2)目的語が主語に変わっているので，受け身の文にする。元の文の時制を見て，be 動詞を考える。

(3) **ミス注意!** What language「何語」を主語にした受け身の文。

7 (1)**〈be 動詞＋動詞の過去分詞〉**で受け身の意味を表す。

(2)疑問詞 **when** のあとに，疑問文の語順を続ける。

(3)過去の文なので，help は過去形にする。

(4)接続詞 if で「もし～ならば」という意味を表す。

p.8～p.9 予想問題 ❷

1 イ

2 (1)**walks to** (2)**brain** (3)**Let me**
(4)**hill** (5)**enough** (6)**official language**

3 (1)**was read** (2)**found by**
(3)**is spoken** (4)**were asked**
(5)**be bought**

4 (1)①**looking** ②**called**
(2)**told us that it was**
(3)**(おもしろい)ウェブサイト** (4)**ウ**

5 (1)**We need to learn English.**
(2)**She told me that this book was not useful.**
(3)**is because they don't have time to study**

6 (1)**My father often tells me (that) I should practice hard.**
(2)**Do you know (that) his house is near [close to] the school?**
(3)**Did he help his mother build the doghouse?**

解説

1 tells me that ～に注意して，マイクの母がよく言う内容を聞き取る。

A：My mother often tells me that I should go to bed early, but I want to watch TV at night. How about you, Mike?

B：My mother often tells me that I should read books, but I like playing video games.

Q：What does Mike's mother often tell him?

訳 A：私の母が早く寝るべきだとよく言うけど，私は夜にテレビを見たいよ。マイク，あなたはどうなの？

B：ぼくの母は本を読むべきだとよく言うけれど，ぼくはテレビゲームをするのが好きだよ。

質問：マイクの母は彼によく何と言いますか。

2 (1)主語が3人称単数なので，walks の形にする。

(2)「脳」は brain。

(3)Let me ～で「私に～させてください」という意味。

(4)「丘」は hill。

(5) ミス注意！「十分な」は enough。つづりに注意する。

(6)「公用語」は「公用の言語」と考える。

3 (1)過去の文なので，be 動詞は was を用いる。

(2)「彼女によって」は by her で表せる。

(3)speak の過去分詞は spoken。

(4)主語が複数で過去の文なので，be 動詞は were。

(5) ミス注意！助動詞の後ろには動詞の原形を置くので，be を使って受け身の意味を表す。

4 (1)①動詞の -ing 形にして現在進行形にすると意味が通る。②受け身の文にすると文脈に合うので，過去分詞にする。

(2)that の後ろに，言った内容を表す文を置く。

(3)ウェブサイトについて話している会話であり，直前の文もウェブサイトについて話している。

(4)**across the world** で「世界じゅうで」という意味。

5 (1)「～する必要がある」は **need to ～**。

(2)She told me that の後に，彼女が言った内容を表す文を続ける。

(3)That is because ～. で「なぜなら～だからです」という意味を表せる。

6 (1)often「よく」は，一般(いっぱん)動詞 tell(s)の前に置く。

(2)「～だと知っていますか」は **Do you know (that) ～?** で表す。

(3)**〈help＋人＋動詞の原形〉**の形を使って，過去の疑問文を作る。

Unit 2

p.12～p.13 テスト対策問題

1 ウ

2 (1)**恐れる，こわい** (2)**夕焼け**
(3)**～を終える，～し終える**
(4)**もう，すでに** (5)**完璧な，理想的な，最高の**
(6)**忙しい** (7)**seen** (8)**wooden**

(9)**amusement** (10)**done**

3 (1)**afraid of** (2)**not, at all**
(3)**Wait, minute** (4)**Hurry up**
(5)**Here you are** (6)**no big deal**

4 (1)**bought** (2)**written** (3)**played**
(4)**finished** (5)**done**

5 (1)**checked** (2)**haven't**
(3)**写真を確かめること。**
(4)**私はそれらを私の家族と分かち合いたいです。**

6 (1)**Has, read** (2)**hasn't left yet**
(3)**has not chatted**

7 (1)**I've never seen such a big giraffe.**
(2)**Have you ever been abroad?**

8 (1)**How many times have you made [cooked] lunch?**
(2)**Ken has just caught up with his father.**

解説

1 現在完了形の表現に注意して，なぜその場所に行きたいのかを聞き取ることがポイント。

A：I want to go to the zoo on Sunday.
B：Why do you want to go there, Ken?
A：Because I have never seen a koala. I want to see one.
B：Really? Then you should go.
Q：What does Ken want to see at the zoo?

訳 A：日曜日に，私は動物園へ行きたいです。
B：どうしてあなたはそこへ行きたいのですか，ケン。
A：私は一度もコアラを見たことがないからです。私はそれを見たいです。
B：ほんと？それならあなたは行くべきです。
質問：ケンは動物園で何を見たいですか。

3 (2)否定文で at all を使う表現。
(3) minute のつづりに注意する。
(5)「はい，どうぞ」は Here you are.。ものを渡すときなどによく使われる。
(6)「大したことではない」は It's no big deal.。

4 (1) buy は過去形，過去分詞ともに **bought**。
(2) write の過去分詞は **written**。
(5) ミス注意！ do の過去形は did，過去分詞は **done**。〈have[has]＋done〉で「～し終えたところです」と行動の完了を表す。

5 (1)現在完了形の文は**〈have[has]＋動詞の過去分詞〉**で表せるので，check の過去分詞 **checked** が適切。
(2)ティナは No と答えているので，haven't を入れるのが適切。
(3)下線部をふくむ文は，ティナがエリの問いかけに答えている文。よって，it はエリの問いかけの内容を指すと考えられる。
(4) share ～ with ... は「～を…と分かち合う」という意味。want to ～「～したい」という表現にも注意する。

6 (1)文頭に Has，主語の後には過去分詞 **read** が入る。read は過去形も過去分詞も同じ形であることに注意する。
(2)**〈have[has]＋not＋動詞の過去分詞〉**を使って現在完了形の否定文にする。主語の後に hasn't と過去分詞 left を入れる。文末には **yet** を置く。
(3)主語が 3 人称単数の He に変わるので，have を has に変えた否定文を作る。

7 (1) never「一度も～ない」を使った現在完了形の否定文を作る。such a ～「そのような～，あんな～」の語順にも注意する。
(2)現在完了形〈経験〉の疑問文なので Have から始める。ever の位置に注意。

8 (1)**〈How many times ～?〉**の表現を使った現在完了形の疑問文で表す。
(2)主語が 3 人称単数なので has を使った現在完了形の文を作る。catch up with ～で「～に追いつく」。**caught** のつづりに注意する。

ポイント
現在完了形は〈have[has]＋過去分詞〉で表すことができる。

p.14～p.15 予想問題 ❶

1 (1)**ウ** (2)**イ**

2 (1)**just done** (2)**hasn't left**
(3)**been to**

3 (1)**Wait** (2)**all** (3)**such** (4)**Hurry**
(5)**deal**

4 (1)**They have just arrived in Osaka.**
(2)**I have not written a novel yet.**
(3)**Have you read the new book yet?**

(4)**Have you ever seen a lion?**

5 (1)**arrived**

(2)**there are some deer over there**

(3)**それらは全然人々がこわくありません。**

(4)**イ**

6 (1)**I haven't[have not] washed my face yet.**

(2)**Have you ever visited Mr. Mori?**

(3)**How many times have you been abroad?**

7 (1)**John has already found a post office.**

(2)**He has seen that cat.**

(3)**I've[I have] never been to Okinawa.**

(4)**How many times have you watched the program[show]?**

解説

1 (1)完了の現在完了の疑問文に何と答えているかに注意する。

A：Alex, have you bought a racket yet?
B：Yes, I have.
A：I want to play tennis with you.
B：Great! Let's play tennis tomorrow.
Q：What has Alex bought?

訳 A：アレックス，もうラケットを買った？
B：うん，買ったよ。
A：一緒にテニスをしたいな。
B：いいね。明日テニスをしようよ。
質問：アレックスは何を買いましたか。

(2)登場する名詞に注意しながら，経験の現在完了の疑問文を聞き取る。

A：Have you ever had any pets, Mary?
B：Yes. I have had a rabbit.
A：I see. Have you had any dogs?
B：No. I have never had a dog.
Q：What pet has Mary ever had?

訳 A：これまでにペットを飼ったことがありますか，メアリー。
B：はい。ウサギを飼ったことがあります。
A：なるほど。犬を飼ったことはありますか。
B：いいえ。犬は一度も飼ったことがありません。
質問：メアリーはこれまでに何のペットを飼ったことがありますか。

2 (1)「ちょうど～したところです」は〈have[has]＋just＋動詞の過去分詞〉を使って表す。

(2)否定文で「まだ」は yet で表す。

(3)「～に行ったことがある」は〈have[has] been to ～〉を使って表す。

3 (1) Wait a minute! で「ちょっと待ってください」。

(2) not ～ at all で「全然[少しも]～ない」。

(5) It's no big deal. で「大したことではないよ」。

4 (1) just「ちょうど」は普通(ふつう)，have と動詞の過去分詞の間に置く。

(2)(3) yet は否定文で「まだ」，疑問文で「もう」という意味を表し，普通は文末に置く。

(4) ミス注意! ever は「これまで」という意味。

5 (1) arrive の過去分詞 **arrived** を入れて現在完了形をつくる。

(2)「～がいる[ある]」という意味の**〈there is [are] ～〉**で始め，some deer と続ける。

(3) be afraid of ～「～がこわい」，not ～ at all「全然[少しも]～ない」はどちらも重要表現。

(4) amazing は「すばらしい」という意味。

6 (1)否定文では already「もう」を，yet「まだ」に変えて文末に置く。

(2) have を主語の前に置いて疑問文を作る。

(3) twice は回数を表すので，How many times ～? を使って回数をたずねる。

7 (1) find「～を見つける」の過去分詞は found。

(2)主語が 3 人称単数の He なので，現在完了形には has を使う。

(3) have の後ろに never を置く。

(4) how many times ～を文頭に置く。

p.16～p.17 予想問題 ❷

1 ア

2 (1)**just** (2)**yet** (3)**never** (4)**already** (5)**yet** (6)**ever**

3 (1)**ウ** (2)**ア** (3)**エ** (4)**イ** (5)**オ**

4 (1)①**with** ③**never**

(2)**Have you ever seen him like that?**

(3)**changed**

(4)**私はそのような美しい夕焼けを一度も見たことがありません。**

5 (1)**Has she ordered yet?**

(2)**Emi hasn't bought a birthday gift**

for John yet.

(3)The baby has never spoken any words.

6 (1)**My mother has already made [cooked] lunch.**

(2)**Has he closed the gate yet?**

(3)**No, he hasn't[has not].**

(4)**How many times have you visited her house?**

解説

1 複数の場所が登場するので，トムの答えの内容に注意しながら聞く。

A：Tom, have you been to the new restaurant?
B：Where is it?
A：It is near the station.
B：Yes, I have been to the restaurant.
Q：Where has Tom been to?

訳 A：トム，新しいレストランには行ったことがあるの？
B：それはどこにあるの？
A：それは駅の近くにあるよ。
B：うん，そのレストランには行ったことがあるよ。
質問：トムはどこに行ったことがありますか。

2 (1)「ちょうど」はjustで表す。

(3)「一度も～ない」はneverを使って表す。

(6)「これまで～ありますか」と経験をたずねる疑問文では〈Have＋you＋ever＋過去分詞〉の語順。

3 (1)ウ It's no big deal.は「大したことではないよ」。

(2) not ～ at allは「全然[少しも]～ない」という意味。

(4) Hurry up.は「急いで」という意味。need to ～「～する必要がある」も重要な表現。

4 (1)① what's up with ～で「～はどうしたんだろう」という意味。③ Noがあるので，否定する返答だとわかる。

(2) ミス注意! likeが「～のような」という意味の前置詞であることに注意する。

(4)現在完了(かんりょう)形だけでなく，such a ～「そのような～，あんな～」にも注意する。

5 (1)(2)疑問文や否定文で，yetは文末に置く。

(3)現在完了形の文でnever「一度も～したことがない」は普通(ふつう)，have[has]の直後に置く。

6 (1)主語が3人称(にんしょう)単数なので，現在完了形にはhasを使う。makeの過去分詞はmade。

(2) Hasをheの前に出して，疑問文の語順を作る。closeは語尾(ごび)に-dを付けて過去分詞にする。

(4)回数をたずねるときは，How many timesの後に，現在完了形の疑問文の語順を続ける。

Unit 3

p.20～p.21 テスト対策問題

1 (1)エ (2)ア

2 (1)誰か，誰でも (2)～をはっきり理解する
(3)～を創造する (4)しかしながら
(5)世紀 (6)食事，料理
(7)**peace** (8)**especially** (9)**young**
(10)**without**

3 (1)**remind, of** (2)**work for**
(3)**getting older** (4)**determined to**
(5)**by year**

4 (1)**have been** (2)**How long, known**
(3)**has lived**

5 (1)**It's important for us to learn**
(2)**creating** (3)**it, to**
(4)私たちは世界を変えるために何かをしなければなりません。

6 (1)**I have been walking for two hours.**

(2)**How long have you been sleeping here?**

(3)**My sister has been thinking about her future.**

7 (1)ほかの文化を学ぶことはおもしろいです。
(2)私の母が早く起きることは難しいです。

8 (1)**I have lived in Osaka since last year.**

(2)**My sister has been practicing for three hours.**

(3)**It is[It's] important for us to study English.**

解説

1 (1)1つ目の発言に対してNo.と答えていることに注意。

A：Did you come to Japan last year, Mr.

White?

B：No. I came to Japan two years ago.

A：So, you have lived in Japan for two years, right?

B：Yes.

Q：How long has Mr. White lived in Japan?

訳 A：ホワイト先生，あなたは昨年日本に来たのですか。

B：いいえ。私は2年前に日本に来ました。

A：それでは，あなたは2年間日本に住んでいるのですね。

B：はい。

質問：ホワイト先生はどのくらいの間日本に住んでいますか。

(2)ケイトの現在完了進行形を使った発言の中で，走っていた時間が述べられている。

A：Kate, you look tired. Why?

B：I have been running in this park for an hour.

A：Wow! Do you run every day?

B：Yes. I like running.

Q：How long has Kate been running?

訳 A：ケイト，あなたは疲れているように見えるよ。どうして？

B：1時間ずっとこの公園で走っているの。

A：うわあ。毎日走るの？

B：うん。走ることが好きなの。

質問：ケイトはどのくらいの間走っていますか。

3 (1) ミス注意!「～に…を思い出させる」は **remind ～ of ...** を使う。

(2)「～へ向かって努力する」は work for ～。

(3) get older「より年をとる」を -ing 形にする。

(4)「～することを堅く決心している」は be determined to ～で表す。

(5)「年々」は year by year で表す。

4 全て継続を表す現在完了形の文。

(2)期間をたずねる疑問詞は，how long。

5 (1)〈It is ～ for 人＋to＋動詞の原形〉の語順にする。

(2)動詞 create を -ing 形にして，名詞の意味にする。

(3)動名詞を主語にした文を〈It is ～ (for 人)＋to＋動詞の原形〉に書きかえる。

(4) must「～しなければならない」。

6 全て現在完了進行形の文。

(1) for「～の間」で期間を表す。

(2) how long「どのくらいの間」を文頭に置く。

(3)「～について」は about で表す。

7 ミス注意! いずれも**〈It is ～ (for 人)＋to＋動詞の原形〉**の文。主語の It は「それは」と訳さない。

(2) hard には「熱心に」という意味のほかに，「難しい」という意味もある。

8 (1)継続の現在完了形の文。「昨年から」は since を使って表す。

(2)現在完了進行形の文。「3時間」は期間なので for を使って表す。

(3)「私たちが」を for us の形で表すことに注意。

p.22～p.23 予想問題 ❶

1 (1)エ (2)ア

2 (1)**Have, been, since** (2)**has been** (3)**been playing, since** (4)**How long**

3 (1)**for** (2)**by** (3)**of** (4)**on**

4 (1)**I've been free since yesterday.**

(2)**He has been on the soccer team for six years.**

(3)**was interesting for me to learn about France**

5 (1)**誰か質問はありますか。**

(2)**How long have you been a peace volunteer?**

(3)**been** (4)**since**

6 (1)**I have[I've] been using the computer for an hour.**

(2)**It is[It's] exciting for me to watch basketball games.**

(3)**It has been sunny since last week.**

(4)**How long has your grandmother been sick?**

7 (1)**My father has been in Tokyo for a week.**

(2)**How long have you been waiting for him?**

(3)**I have[I've] been waiting for him for two hours.**

(4)**Is it necessary for me to bring my**

textbook(s)?

解説

1 (1)読まれる時刻に注意して，質問に答える。

Hi, I'm Jack. I am doing my homework. It is eleven o'clock in the morning now. I started doing my homework at nine o'clock this morning.

Q：How long has Jack been doing his homework?

訳　やあ，私はジャックです。私は宿題をしています。今は午前 11 時です。私は今朝の 9 時に宿題をし始めました。

質問：ジャックはどのくらいの間，宿題をしていますか。

(2)過去の時点を表す語句に注意する。

Hi, I am Risa. My sister went to New York three years ago. She still lives there.

Q：How long has Risa's sister lived in New York?

訳　やあ，私はリサです。私の姉[妹]は 3 年前，ニューヨークへ行きました。彼女はまだそこに住んでいます。

質問：リサの姉[妹]はどのくらいの間，ニューヨークに住んでいますか。

2 (1)「ずっと～です」という状態の継続(けいぞく)の意味は，現在完了(かんりょう)形**〈have[has]＋過去分詞〉**で表す。

(2) ミス注意! 天候を表す文は it で文を始める。現在完了形には **has** を使う。

(3)「今朝から」は since「～から」を使って表す。

3 (1) work for で「～へ向かって努力する」。

(2) year by year で「年々，年ごとに」。

(3) remind ～ of ... で「～に…を思い出させる」。

(4) pass ～ on で「～を伝える，～を譲る」。

4 (1)「きのうから」は since yesterday と表す。

(2)「6 年間」は，for six years と表す。

(3) is の過去形 was を使って**〈It was ～ for 人＋to＋動詞の原形〉**の形を作る。

5 (1) anyone は「誰(だれ)か，誰でも」という意味。

(2) how long で文を始めることに注意する。

(3)直前の I've は I have の短縮形なので，be を過去分詞にする。

(4)「～から，～以来」は since で表す。

6 (1)現在完了進行形にするので，am を have been に変える。

(2)主語の it は to watch basketball games を指す。

(3) is を現在完了形の has been に変える。

(4)「どのくらいの間」という期間は，how long でたずねる。

7 (1)「ずっと～にいる」という状態の継続を現在完了形で表す。

(2)現在完了進行形の文で，動作の継続を表す。

(3)「2 時間」は for「～の間」を使って表す。

(4)〈It is ～ for 人＋to＋動詞の原形〉の形を使う。「必要な」は necessary。

p.24～p.25　予想問題 ❷

1 ア

2 (1)**thought of[about]**　(2)**without**

(3)**pass, on[down]**　(4)**for**

(5)**brought[grew]**　(6)**collected money**

3 (1)**it is**　(2)**has been, since**

4 (1)**has lived, for**　(2)**has been, since**

5 (1)**it was difficult for me to talk about the A-bombing**

(2)②**learning**　④**built**

(3)**since then**

(4)**No, it wasn't.**

6 (1)**Have you been hungry since yesterday?**

(2)**Is it easy for him to ride on a horse?**

(3)**How long has it been raining in**

7 (1)**I have[I've] been a tennis fan since childhood.**

(2)**It is[It's] interesting for me to study math.**

(3)**She has been playing the piano since this morning.**

解説

1 ミクが**〈It is ～ for 人＋to＋動詞の原形〉**の文を使って，何について話し始めているかを聞き取ることがポイント。

Hello, I am Miku. It is easy for me to cook. I have a nice kitchen in my house. I sometimes bake a cake by myself.

訳　こんにちは，私はミクです。私が料理をすることは簡単です。私は家によい台所を持っています。私はときどき，自分でケーキを焼きます。

2 (1) think of ～「～について考える」を使って現在完了形を作る。

(2)「～なしで」は without で表す。

(3) pass ～ on「～を伝える」で表す。助動詞 must の後の動詞は原形にする。

(4) for a long time は「長い間」。

(5) bring up ～「～を育てる」を受け身の形にする。

(6)「～を集める」は collect。「金，金銭」は money。

3 (1) ミス注意! Is it ～? の疑問文でたずねられているので，it is を使って答える。

(2) how long の疑問文には，for や since を使って具体的な期間を答える。

4 (1) ミス注意! 現在完了形を使って，「5年間ずっと住んでいる」という状態の継続を表す。

(2)現在完了進行形を使って，「13歳のときから使っている」という動作の継続を表す。

5 (1)**〈It is ～ for 人＋to＋動詞の原形〉**の語順に注意する。

(2)② -ing 形にして現在完了進行形を作る。④直前に be がある。受け身の形にすると文脈にあう。

(3)「そのとき」は then。

(4) 1～2行目より，西村さんは生き残った被爆者ではないので簡単ではなかったとわかる。

6 (1)現在完了形で継続の意味を表す。

(2)**〈It is ～ for 人＋to＋動詞の原形〉**を疑問文の語順にするため，Is から文を始める。

7 (3)現在完了進行形を使って，「ずっと演奏している」という動作の継続を表す。

Let's Read 1

p.27 テスト対策問題

1 イ

2 (1)**優秀な，非常に優れた，(評点が)優の** (2)**濃い，(空気が)汚れた** (3)**心配して** (4)**橋** (5)**dig** (6)**noise**

3 (1)**At last** (2)**right away** (3)**went out**

4 (1)**When I opened the door, he was standing there.**

(2)**After my uncle talked to him, he started smiling.**

(3)**When I was at home, it was raining outside.**

5 (1)**冬休みの間，私は旅行に出かけました。**

(2)**休憩時間の間，私たちはソファーに座っていました。**

解説

1 何時にどんなことをしたのかを聞き取ることがポイント。

♪ Last Friday, Yuki went home at 4:00 in the afternoon. Then, she started her English homework. After she studied, she listened to music. At 6:00, she cleaned her room. At 7:00, she ate dinner.

訳 この前の金曜日に，ユキは午後4時に家に帰りました。それから，彼女は英語の宿題をし始めました。彼女は勉強した後，音楽を聞きました。6時に，彼女は自分の部屋を掃除しました。7時に，彼女は夕食を食べました。

3 (1) at last「ついに，ようやく」。

(2) right away「すぐに，ただちに」。

(3)文の意味に合わせて，go out「外出する」を過去形にすることに注意。

4 (1)接続詞 when を使って文をつなぐ。

(2) started smiling で「ほほえみ始めた」という意味を表す。

(3)天候を表すときは，主語に it を使う。

5 (1)(2) during「～の間に」を用いた文。直後に置かれる名詞の意味にも注意しながら日本語になおす。

ポイント

接続詞 when「～するとき」, after「～した後に[で]」，前置詞 during「(特定期間内)のあるときに，～の間に」を使って，時を表すことができる。

p.28～p.29 予想問題

1 (1)イ (2)エ

2 (1)**happened to** (2)**At last** (3)**go out** (4)**first time** (5)**right away** (6)**go on**

3 (1)**When I went to New York, I met his brother.**

(2)**When our teacher came into the room, we were chatting.**

(3)**After my father cooked, he went shopping.**

(4)**During the winter vacation, he visited Australia.**

4 (1)**Unfortunately**

(2)**What will happen to me?**

(3)③**arrived** ④**going**

(4)**私は安心してため息をつきました。**

5 (1)**雨が降り始めた後，私は家にいることに決めました。**

(2)**休憩の間，私たちはエジプトについて話しました。**

(3)**私は私の部屋に入ったとき，鍵を見つけました。**

(4)**私の姉[妹]は，家に帰った後，浴室を掃除しました。**

(5)**春休みの間，私は私の祖父母を訪ねました。**

6 (1)**During the summer vacation, his friend came to my house.[His friend came to my house during the summer vacation.]**

(2)**When the students started cleaning the park, we were here.[We were here when the students started cleaning the park.]**

(3)**When they were playing soccer, it was sunny.[It was sunny when they were playing soccer.]**

(4)**When the police arrived at the port, no one was there.[No one was there when the police arrived at the port.]**

解説

1 (1)人物や動詞に気を付けて，行動を理解することがポイント。

When Miki came home, her sister was cleaning her room. Miki helped her. Then, they had dinner together.

Q：What was Miki's sister doing when Miki came home?

訳 ミキが家に帰ったとき，彼女の姉[妹]が部屋を掃除していました。ミキは彼女を手伝いました。それから，彼女らは一緒に夕食を食べました。

質問：ミキが家に帰ったとき，彼女の姉[妹]は何をしていましたか。

(2)誰が，いつ，何をしているかを聞き取る。

After Miki finished her homework, she made a cake. Then, she ate it with her grandmother.

Q：What did Miki make after she finished her homework?

訳 ミキが宿題を終えた後，彼女はケーキを作りました。それから，彼女はそれを彼女の祖母と一緒に食べました。

質問：宿題を終えた後，ミキは何を作りましたか。

2 (1) happen to ～「～に起こる，生じる」。

(4) for the first time「初めて」。

(6) go on「続く」。

3 (1)(2) when「～するとき」を使う。chat「おしゃべりをする」。

(3) after「～する後に[で]」を使う。go shopping「買い物に行く」。

(4) during「～の間に」の後には，名詞を置くことに注意する。

4 (1)「あいにく，不運にも」という意味のUnfortunatelyを入れる。

(2) happen to ～「～に起こる」の主語をWhatにする。

(3) ミス注意! ③過去の文なので，過去形にする。④過去のbe動詞wasがあるので，goingの形にして過去進行形にすると文脈に合う。

(4) sighは「ため息をつく」，reliefは「安心，安堵感」という意味。

5 (1) decide to ～「～することに決める」

(3) foundはfind「～を見つける」の過去形。

(4)**〈after＋主語＋動詞 ～〉**は，文の後半に置くこともできる。そのときはafterの前にコンマ(,)は不要。

6 (3)「晴れた」は，形容詞のsunnyで表せる。

(4) no one「誰(だれ)も～ない」を主語にして否定の意味を表す。port「港」。

Unit 4

p.32～p.33 テスト対策問題

1 (1)ア (2)イ

2 (1)よく見られる (2)もはや (3)非常に
(4)～だと思う (5)(質問・要求など)を提起する
(6)機械(装置) (7)**foreign** (8)**address**
(9)**skin** (10)**remember**

3 (1)**came, with** (2)**respond to**
(3)**agree with** (4)**depend on**
(5)**hated to**

4 (1)ウ (2)ウ (3)ア (4)イ

5 (1)**runs**
(2)**not good at speaking English** (3)ウ
(4)(日本食のレストランを経営している)おじ

6 (1)**have an aunt who lives in Hokkaido**
(2)**Do you have a brother who plays soccer well?**
(3)**who is looking at us is Mr. Brown**

7 (1)**that can play the piano well**
(2)**that was built a hundred years ago**

8 (1)**He is a boy who[that] can[is able to] run fast.**
(2)**This is the[a] bus which[that] goes to the station.**
(3)**I know the woman who[that] is dancing over there.**

解説

1 (1)公園の中で走っている少年についての Is he Tom's brother? という問いかけに対して，相手が何と答えているかに注目する。

A：Does Tom have any brothers or sisters?
B：He has a brother.
A：Look at the boy that is running in the park. Is he Tom's brother?
B：No. He is Daniel's brother.
Q：Who is the boy that is running in the park?

訳 A：トムに兄弟や姉妹はいますか。
B：彼には1人の兄[弟]がいます。
A：公園の中で走っている少年を見てください。彼はトムの兄[弟]ですか。
B：いいえ。彼はダニエルの兄[弟]です。
質問：公園の中で走っている少年は誰ですか。

(2)関係代名詞の who を使った文で，スミス先生がどこに立っているかが話されている。

A：Can you see the woman who is standing at the gate?
B：Yes, I can. Who is she?
A：She is Ms. Smith. She teaches us science .
B：I think I have seen her before.
Q：Where is Ms. Smith standing?

訳 A：あなたは門のところに立っている女性が見えますか。
B：はい，見えます。彼女は誰ですか。
A：彼女はスミス先生です。彼女は私たちに理科を教えています。
B：私は彼女を以前見たことがあると思います。
質問：スミス先生はどこに立っていますか。

3 (1)「～を思いつく」は come up with ～。過去の文なので come は came にする。
(3)「～に同意する」は agree with ～。
(4)「～に頼る」は depend on ～。前置詞 on も一緒に覚えておく。

4 関係代名詞 which はものや動物を表す語の説明をする。どの語句がどの名詞を説明すれば文としての意味が成立するかを考える。

5 (1) an uncle は3人称(にんしょう)単数で，文章全体が現在のことについて述べているので，run を runs にすると文脈に合う。
(2) be good at ～は「～が上手だ」という意味。ここでは be 動詞の後ろに not を入れる。
(3) ミス注意! 空所の前の文が後ろの文の理由になっているので，so「だから」が適切。
(4)すでに文中で述べられた男性は，レストランを経営するおじである。

6 (1)「北海道に住んでいる」という説明を関係代名詞 who を使ってつけ加える。
(2)「サッカーを上手にする」を関係代名詞 who を使って，a brother の後ろに続ける。
(3) The man の後ろに「私たちを見ている」を関係代名詞 who を使ってつけ加える。

7 (1) she=a sister なので，she を関係代名詞 that にして，a sister の後ろに続ける。

(2) it＝a house なので，it を関係代名詞 that にして，a house の後ろに続ける。

8 (1)「男の子」に関する説明「速く走ることができる」を，関係代名詞 who または that の後ろに続ける。

(2)まず「これはバスです」の文を作ってから，the[a] bus の後ろに関係代名詞 which または that を使って説明をつけ加える。

(3)関係代名詞 who または that を使って，the woman の後ろに「あそこで踊っている」という説明を付け加える。

p.34～p.35 予想問題 ❶

1 (1)ア (2)イ

2 (1)イ (2)ア (3)ア (4)イ (5)ア

3 (1)**who[that] lives**
(2)**which[that] was**
(3)**which[that] was** (4)**which[that] was**

4 (1)**a girl who is good at soccer**
(2)**a book which was written by Natsume Soseki**
(3)**which is in front of my house is my uncle's**

5 (1)ウ (2)**these days**
(3)**あなたの家を自動的に掃除するロボット**
(4)**become**

6 (1)**Nancy is a girl who[that] has blue eyes.**
(2)**Nara is an old city which[that] has many temples.**
(3)**The bus which[that] goes to Tokyo will arrive late.**
(4)**I saw a woman who[that] was walking around the station.**
(5)**I met a person who[that] is very famous in your country.**

7 (1)**She is a girl who[that] speaks Japanese very well.**
(2)**I have a dog which[that] has long hair.**
(3)**English is a language which[that] is spoken in Australia.**
(4)**This is the T-shirt which[that] was bought by my brother last week.**

解説

1 (1)関係代名詞 who を使った文に注意して，ミカの姉[妹]がどこに住んでいるのかを理解する。

Hello, I am Mika. I took a trip during my vacation. I have a sister who lives in the U.K. I visited her and stayed at her house for five days.
Q：Where does Mika's sister live?

訳 こんにちは，私はミカです。私は休暇の間に旅行をしました。私にはイギリスに住んでいる姉[妹]がいます。私は彼女を訪ねて，5日間彼女の家に泊まりました。
質問：ミカの姉[妹]はどこに住んでいますか。

(2)関係代名詞 that を使った文に注意して，ティムの犬が何をできるのか聞き取る。

Hello, I am Tim. I have a dog that can play soccer. I like to play soccer with my dog.
Q：What can Tim's dog play?

訳 こんにちは，私はティムです。私にはサッカーをすることができる犬がいます。私は私の犬とサッカーをするのが好きです。
質問：ティムの犬は何をすることができますか。

2 関係代名詞の前の名詞が人か人以外かを考える。人の場合は who，人以外の場合は which を使う。

3 (1) a friend に関係代名詞 who または that を続けて，「カナダに住んでいる」という説明をつけ加える。

(2) a newspaper はものなので，関係代名詞 which または that を続けて，「今朝配達された」という説明をつけ加える。

(3) ミス注意! a computer の後に関係代名詞 which または that を続けて，「日本で作られた」という説明をつけ加える。

4 (1) be good at ～は「～がうまい」という意味。

(3) The car の後に関係代名詞 which を続けて「私の家の前にある」という説明をつけ加える。

5 (1)直後に動詞 respond が続いているので，Smartphones に説明を加えると考えられる。説明を加えるために，関係代名詞の which が必要である。

(2)「近頃では」という意味はthese daysで表せる。

(4)直前にhaveがあるので，現在完了(かんりょう)形だと考えられる。becomeの過去分詞はbecomeで，つづりと発音は変わらない。

6 (3) It＝The busなので，The busの後に関係代名詞whichまたはthatを続けて，「東京へ行く」という説明をつけ加える。

(4) She＝a womanなので，関係代名詞はwhoまたはthatを使う。

7 (3) ミス注意! 文の主語は「英語」であることに注意する。a languageの後に関係代名詞whichまたはthatを使って「オーストラリアで話されている」という説明をつけ加える。

p.36～p.37 予想問題 ❷

1 ア

2 (1)**raised** (2)**exchange**
(3)**remember** (4)**hate to**
(5)**depends on** (6)**directly**
(7)**rapidly[quickly]**

3 (1)**I have a sister who[that] often travels.**
(2)**I visited a museum which[that] has a hundred paintings.**
(3)**My brother lost the bag which[that] was made in my town.**
(4)**I know a doctor who[that] can play volleyball very well.**

4 (1)**progressing** (2)**イ**
(3)**an experience that will broaden your world view** (4)**Yes, she does.**

5 (1)**is a white house that stands in front of the school**
(2)**This is the book which was written two hundred years ago.**
(3)**We went to a restaurant that is famous for tempura.**

6 (1)**The man who is singing now is my father.**
(2)**This is a flower which makes you happy.**
(3)**I want a robot which cooks[makes] breakfast for me.**

解説

1 テッドの発言の中の，関係代名詞thatを使った文の意味がポイント。

A：Hi, Rika. I do not like doing my homework. I want a robot that can do my homework.
B：Ted, I think that you should do your homework by yourself. I want a robot that can play sports.
A：Oh, you want a different robot.
Q：Which robot does Ted want?

訳 A：やあ，リカ。ぼくは宿題をするのが好きではないよ。ぼくはぼくの宿題をすることができるロボットが欲しいよ。
B：テッド，あなたは自力で宿題をすべきだと思うよ。私はスポーツをすることができるロボットが欲しいな。
A：ああ，君は違ったロボットがほしいんだね。
質問：テッドはどのロボットを欲しがっていますか。

2 (1)「(質問・要求など)を提起する」はraise。
(2)「～を交換する」はexchange。
(3)「～を思い出す」はremember。
(4)「～することを嫌に思う」はhate to ～。直後に来る動詞は原形にする。
(5)「～に頼る」はdepend on ～。
(6)「直接に」はdirectly。
(7)「急速に」はrapidly。

3 2文目の中で，1文目と同一の人やものを指す代名詞を関係代名詞にかえて，1文にする。人を表す代名詞はwhoに，ものや動物を表す代名詞はwhichにかえる。thatはどちらの場合にも使える。

4 (1)直前にbe動詞のisがある。-ing形になおして現在進行形を作ると意味が通る。
(2) however「しかしながら」を入れると，文脈にあう。
(4)本文の3行目を参照。

5 (1) standは「位置している，ある」。
(2) ミス注意!「200年前に書かれた」という受け身の説明を関係代名詞whichでthe bookに

つけ加える。

(3) be famous for ～は「～で有名な」という意味。

6 (1)「今歌っている」という説明を関係代名詞 who でつけ加える。

(2) make ～ ... で「～を…にする」という意味。

Let's Read 2

p.39 テスト対策問題

1 イ

2 (1)～を想像する (2)登場人物 (3)上に[の] (4)体 (5)**shape** (6)**reach[arrive]**

3 (1)**friends with** (2)**again, again** (3)**came true**

4 (1)**She has more and more cats.**

(2)**It was impossible for my mother to carry the box.**

(3)**The exam is becoming harder and harder.**

5 (1)**She got[became] busier and busier.**

(2)**It is[It's] easy for my brother to read English novels.**

解説

1 英文の初めで何について話されているかに注意する。It is ～ for 人 to do を使った文で危険なことが説明されている。

♪ This river is very deep. It is dangerous for you to swim in this river. Be careful!

訳 この川はとても深いです。あなたがこの川で泳ぐことは危険です。注意してください。

2 (2) character は「登場人物，キャラクター」。

3 (1)「～と親しくなる」は make friends with ～。

(2)「何度も何度も」は again and again。

(3) come true「実現する」を過去形にする。

4 (1)「ますます多くの」という意味の more and more を cats の前に置く。

(3) ミス注意! hard「難しい」を〈比較級＋and＋比較級〉の形にする。

5 (2)〈It is[was] ～ for 人 to do〉を使う。

ポイント

〈It is[was] ～ for 人 to do〉を使って，「(人)が…することは～だ[だった]」という意味を表すことができる。

p.40～p.41 予想問題

1 (1)ア (2)イ

2 (1)**and again** (2)**friends with** (3)**connect, with** (4)**came true** (5)**variety of** (6)**wish**

3 (1)**It was interesting for me to visit Kinkaku-ji Temple.**

(2)**It is[It's] not hard for you to ride on a horse.**

(3)**It is[It's] difficult for my sister to make a cake.**

(4)**Was it easy for you to carry the desk?**

(5)**It is[It's] impossible for my brother to cook breakfast every day.**

4 (1)**supported** (2)ア

(3)**a variety of[many kinds of]**

(4)**are continuing to invent more and more**

(5)イ

(6)ロボットはどのように人々の夢を実現させるのでしょうか。

5 (1)**It is very difficult to learn history.**

(2)**She has more and more dogs.**

(3)**It isn't easy for you to make your family happy.**

6 (1)**It is[It's] impossible for her to get up early.**

(2)**I wanted the watch more and more.**

(3)**It is[It's] important for us to help our friends.**

解説

1 (1)最後の文の there は 1 つ前の文の Kyoto をさしている。

♪ I am Lisa. I like Japanese tea. More and more people who like Japanese tea began to go to Kyoto. I want to go there.
Q：Where does Lisa want to go?

訳 私はリサです。私は日本茶が好きです。ますます多くの日本茶を好きな人が京都に行きはじめています。私はそこに行きたいです。
質問：リサはどこへ行きたいですか。

(2)ケイが〈It is[was] ～ for 人 to do〉の文を使って何と言っているかがポイント。

I am Kei. Last week, I played tennis for the first time. It was difficult for me to understand the rules, but I enjoyed it.
Q：What was difficult for Kei?

訳 私はケイです。先週，私は初めてテニスをしました。私にとってルールを理解することは難しかったですが，私はそれを楽しみました。
質問：何がケイにとって難しかったのですか。

2 (1)「何度も何度も」は again and again で表す。
(2)「～と友達になる」は make friends with～。を使う。friends は複数形であることに注意。
(3)「～を…と関係させる」は connect ～ with ... 。
(4)「実現する」という意味の come true を過去形にする。
(6)「～できたらいいのに」は I wish I could ～を使う。

3 (1) ミス注意！〈It is[was] ～ for 人 to do〉を使った形で表す。visiting は to visit にかわることに注意。
(2) be 動詞の後ろに not を置く。
(3) to make a cake は文末に置く。
(4) be 動詞 was を文頭に出す。

4 (1)受け身の意味にすると文脈に合う。受け身の文は〈be 動詞＋過去分詞〉を使って表す。
(2)関係代名詞 that を入れると，直前の名詞 robots を説明する形になる。
(3)「いろいろの」は a variety of ～を使う。
(5) look at ～で「～を見る」という意味。

5 (2)〈比較級＋and＋比較級〉の形を使って，「ますます多くの犬」という意味を表す。
(3) make ～ ... で「～を…にする」という意味。

6 (1) impossible「不可能な」。
(2) ミス注意！ more and more を使って，「ますます(欲しいと思った)」という意味を表す。
(3)「私たちにとって」は for us で表す。

Unit 5

p.44～p.45 テスト対策問題

1 エ

2 (1)～を投げる (2)たった1つの (3)ひどい
(4)～を解決する (5)～を再利用する (6)記事
(7)**pollute** (8)**social** (9)**umbrella**
(10)**effort**

3 (1)**replace，with** (2)**as well**
(3)**turn off** (4)**give，on**

4 (1)**is the classroom which the students use**
(2)**at the photos which I took in Kyoto**
(3)**was the cake which my sister made**

5 (1)**isn't it** (2)**is a graph which I found**
(3)**a graph** (4)**the U.S.**

6 (1)**is the key that I lost yesterday**
(2)**that you met at the station is a famous singer**

7 (1)私がきのう見た試合はおもしろかったです。
(2)あなたはあなたの兄[弟]が大好きなスポーツを知っていますか。
(3)あなたが先週会った少女は今日ここにはいません。

8 (1)**This is the book which I read last month.**
(2)**The movie which I watched[saw] last Sunday was interesting.**
(3)**Who is the man that you saw in the park?**

解説

1 関係代名詞を使った文でジョンが説明しているものに注意する。

Hello, I am John. This is the bike which my brother gave to me. I like it very much because it is black.
Q：What does John like very much?

訳 こんにちは，ぼくはジョンです。これはぼくの兄[弟]がぼくにくれた自転車です。ぼくはそれが黒色なので，とても好きです。
質問：ジョンは何がとても好きなのですか。

3 (2)「…だけでなく～も」は～as well as ... 。

前後に置く名詞の順番に注意する。

(3)「(テレビ・明かりなど)を消す」は turn off。

4 (1)「これは教室です」という文をまず作り,「教室」に「生徒たちが使う」という説明を関係代名詞 which でつけ加える。

(3) How は「どんな具合に」という意味。

5 (1)「~ですよね」と相手に確認するときには付加疑問文を使う。

(2) a graph の直後に関係代名詞 which を使って説明をつけ加える。

(4)最後から2文目を参照。

6 (1) it=the key なので, it を関係代名詞 that にして the key の後ろに続ける。

(2) him=The man なので, him を関係代名詞 that にして the man の後ろに続ける。

7 (1) The game が文全体の主語になる。

(2)目的語の働きをする関係代名詞が省略された疑問文。

8 (1) the book の後に関係代名詞 which を置き, その後ろに「私が先月読んだ」という説明をつけ加える。

(3) ミス注意! 疑問詞 who を使った疑問文。語順に注意する。

ポイント

目的語の働きをする関係代名詞の後ろには,〈主語+動詞〉の語順が続く。この場合の関係代名詞は省略することもできる。

p.46～p.47 予想問題

1 (1)ア (2)イ

2 (1)**you saw** (2)**which[that], is**
(3)**we bought** (4)**father found**

3 (1)× (2)○ (3)○ (4)○ (5)×

4 (1)**She is the girl I met at the hospital**
(2)**The video that Tina made was great.**
(3)**that you are eating is popular all over the world**

5 (1)**私たちは, 1つの大きな問題はプラスチックごみだということがわかりました。**
(2)**was a problem we couldn't solve so easily**
(3)**ア** (4)**on** (5)**plastic bags**

6 (1)**Show us the photo you took in Australia.**
(2)**My brother introduced some friends I knew.**
(3)**The mountain you can see from here is the highest in this town.**
(4)**The chair my sister made looks nice.**

7 (1)**My sister wants the bike[bicycle] (which[that]) I bought ten years ago.**
(2)**The people (that) we met[saw] yesterday were very kind to us.**
(3)**Was the book (which[that]) I wrote difficult?**
(4)**The dish (which[that]) the robot cooked was delicious.**

解説

1 (1)関係代名詞 which の後に続く説明がポイント。

A: Taku, whose umbrella is this?
B: It is mine, Meg. It is the umbrella which my father bought for me.
A: I like its color.
B: I like it, too.
Q: Who bought Taku's umbrella?

訳 A:タク, これは誰の傘なの？
B:それはぼくのものだよ, メグ。それはぼくの父が買ってくれた傘なんだ。
A:私はその色が好きだよ。
B:ぼくもそれが好きだよ。
質問:誰がタクの傘を買いましたか。

(2)関係代名詞 that の直後の表現に注意する。

A: What is that, Tim?
B: Kana, it is a shop that a famous actor runs.
A: What does it sell?
B: It sells shoes.
Q: Who runs the shop?

訳 A:あれは何なの, ティム。
B:カナ, それは有名な俳優が経営する店だよ。
A:それは何を売っているの？
B:それは靴を売っているよ。
質問:誰がその店を経営していますか。

2 (1)(3) ミス注意! 空所の数から, 関係代名詞は省略する。

(2) he の前に空所があることから，関係代名詞 which[that] は必要。

3 関係代名詞 which や that の後ろに主語と動詞が続く場合は，関係代名詞を省略できる。

4 (2) The video が文の主語になっている。

(3) all over the world「世界中の[で]」

5 (1) that は「～ということ」という意味。

(2)関係代名詞は省略されている。

(3)「その代わりに」は instead。

(4) focus on ～は「～を重点的に取り扱う」。

6 ミス注意! 関係代名詞は省略するが，省略する場合でも語順は変わらない。

(3)最上級 the highest を使った文。the mountain を後置修飾する。

7 (1) the bike の後ろに説明を付ける。関係代名詞は目的語の働きをする場合，省略できる。

(3)「私が書いた本」が主語になっている疑問文。

Unit 6

p.50 ～ p.51 テスト対策問題

1 (1)イ (2)ウ

2 (1)～を招く，～を招待する (2)問題，事件 (3)いつもと違う，奇妙な (4)困難 (5)～まで(ずっと) (6)1つ，1個 (7)**while** (8)**woman** (9)**few** (10)**design**

3 (1)**a few** (2)**in trouble** (3)**a piece** (4)**moved to** (5)**beginning of** (6)**because of**

4 (1)**making** (2)**playing**

5 (1)**in**

(2)**I twisted my wrist while I was**

(3)ア (4)**playing**

6 (1)**bought** (2)**written** (3)**painted** (4)**cooked**

7 (1)**I don't know when he will go to New York.**

(2)**She wants to know where the library is.**

8 (1)**The cake baked by you was delicious.**

(2)**The woman playing tennis is my sister.**

(3)**Please tell me why he is angry.**

解説

1 (1)後置修飾している動詞の -ing 形に注意して，誰が何をしているのかを理解することがポイント。

♪ There are three people in the living room. The boy playing a video game is Rob. The man sitting on the sofa is Rob's father. The woman using a computer is Rob's mother.

Q：Who is sitting on the sofa?

訳 居間には3人の人々がいます。テレビゲームをしている少年はロブです。ソファーに座っている男性はロブのお父さんです。コンピュータを使っている女性はロブのお母さんです。

質問：誰がソファーに座っていますか。

(2)後置修飾している動詞の過去分詞に続く by「～によって」の後の語句に注意する。

♪ I am Ken. I want to talk about my treasure. It is a chair made by my grandfather. He made it last year. I always use it when I study.

Q：Who made the chair?

訳 ぼくはケンです。ぼくの宝物について話したいと思います。それはぼくの祖父によって作られたいすです。彼は昨年それを作りました。ぼくは勉強するとき，いつもそれを使います。

質問：誰がそのいすを作りましたか。

2 (10) design「～をデザインする」のつづりに注意する。g を忘れない。

3 (1)「いくつかの」は，「少数の」という意味の few を使って，a few と表す。

(2) trouble「困難」を使って，be in trouble で「困ったことになっている」という意味を表せる。

(3) a piece of ～「1つ[個・枚]の～」は，切り分けられたものなどに付ける表現。

(4) move to ～で「～に引っ越す」という意味。

(5) at the beginning of ～で「～の初めに」という意味。前置詞の at を使うことに注意して覚える。

(6) because of ～で「～の理由で，～が原因で」という意味。直後には名詞を置くことに注意する。because とは異なる使い方をする表現。

4 (1) ミス注意！ 2 文目の現在進行形になっている動詞を, -ing 形の後置修飾として, the woman の直後に付ける。「～している」という意味を付け加える。

make の -ing 形は，e を取ることに注意する。

(2) They are playing soccer の playing soccer を -ing 形の後置修飾として，many boys の直後に付ける。「サッカーをしているたくさんの少年」という意味を表せる。

5 (1) be in trouble で「困ったことになっている」という意味なので，in を補う。

(2)文の末尾にある playing basketball の前に, was を置いて，過去進行形を作る。while は「～している間に」という意味。

6 いずれも動詞の過去分詞を使った後置修飾の文。

(1) buy の過去分詞は bought。gh を忘れないように注意。

(2) write の過去分詞は written。t を重ねる。

(3)(4) paint，cook はともに規則動詞なので，語尾に -ed を付けて過去分詞にする。

7 間接疑問文は〈疑問詞＋主語＋動詞〉の語順になることに注意する。

(1)疑問詞 when の後は he will go to New York の語順。

(2)「図書館がどこにあるのか」を where the library is と表す。

8 (1)過去分詞の後置修飾で，受け身の文と同じような「～された」という意味を表せる。

(2) -ing 形の後置修飾は「～している」という意味を表せる。

(3)疑問詞 why を使って間接疑問文を作る。why he is angry という語順にする。

ポイント

後置修飾は名詞の後ろに，動詞の -ing 形や過去分詞を使った語句を置いて，名詞の説明をする。

p.52～p.53 予想問題 ❶

1 **イ**

2 (1)**piece of** (2)**move to** (3)**playing** (4)**a few** (5)**when** (6)**because of** (7)**made [cooked] by**

3 (1)**what he** (2)**when my** (3)**is from** (4)**who wrote** (5)**working as [who is]**

4 (1)①**designed** ③**playing** (2)**ウ**

(3)**エリは手首を痛めたので，ハジンが彼女を手伝っています。**

(4)**ハジンがエリを手伝っていること。**

5 (1)**I want to know what kind of food she likes.**

(2)**The man dancing over there is my grandfather.**

(3)**They are the students invited to the concert.**

6 (1)**The boy standing beside [by] the door is my brother.**

(2)**She likes the movies made in India.**

(3)**Kyoto has many temples visited by tourists. [There are many temples visited by tourists in Kyoto.]**

解説

1 キャシーがケンに何を教えてほしいと言ったのか，注意して聞き取る。

A：Kathy, let's go to Kamakura together tomorrow.

B：That sounds nice, Ken. Let's go early in the morning. Tell me when the first train will leave.

A：The first train will leave at six in the morning.

B：OK. I will get up early tomorrow.

Q：What time will the first train leave?

訳 A：キャシー，明日一緒に鎌倉へ行こう。

B：いいね，ケン。朝早くに行きましょう。始発電車はいつ出発するのか教えて。

A：始発電車は午前 6 時に出発するよ。

B：分かったよ。明日は早く起きます。

質問：始発電車は何時に出発しますか。

2 (1)「1 枚の～」は a piece of ～を使って表す。

(2) move to ～で「～に引っ越す」。

(3)動詞の -ing 形の後置修飾を使って the girl playing the guitar with John と表す。

(4) a few で「いくつかの～」という意味を表す。
(5)間接疑問文を作る。主語と動詞の前に疑問詞 when を置く。
(6)「～が原因で」は because of ～を使って表す。
(7)動詞の過去分詞の後置修飾を使って the pizza made by my mother と表す。

3 (1) ミス注意! 間接疑問文は，疑問詞の後ろが〈主語＋動詞〉の語順になる。
(2)「私の姉[妹]の誕生日」を言いかえて，「いつ私の姉[妹]が生まれたか」という意味の英語で表す。
(3) 2 文の意味を合わせて，間接疑問文で表す。where Mr. Brown is from という語順になる。
(4)「この小説の作家」を言いかえて，「誰(だれ)がこの小説を書いたか」という意味の英語で表す。
(5) 2 文目の動詞の -ing 形を使って，名詞を後置修飾する。

4 (1)①過去分詞の designed を入れると，T-shirts を後置修飾する形になって，意味が通る。直後の by Tina「ティナによって」もヒントになる。
③ -ing 形にすると文意が通る。
(2) ミス注意! 接続詞 because や when を入れても，空所の前後の意味に合わない。
(3) hurt は過去形や過去分詞になっても，形や発音が変わらないことに注意する。
(4)直前のニックの発言に注目する。

5 (1)「どんな種類の～」は what kind of ～で表す。間接疑問文なので，疑問詞の後は〈主語＋動詞〉の語順。
(2) -ing 形を使った後置修飾で the man に説明を加える。
(3) invited to the concert「コンサートに招待された」を後置修飾として the students の後に続ける。

6 それぞれ後置修飾を使って名詞に説明を加える。
(1) -ing 形を使った standing beside[by] the door を後置修飾として the boy の後に続ける。
(2)「インドで作られた」を made in India と表し，the movies を修飾する。
(3)「観光客によって訪問される」を visited by tourists と表し，後置修飾する。Kyoto has ～. か There are ～ in Kyoto. の文を作る。

p.54～p.55 予想問題 ❷

1 (1)ア (2)ウ

2 (1)**eating[having]** (2)**why, laughing**
(3)**made by** (4)**a few** (5)**because of**
(6)**move to**

3 (1)**I know where you went during your summer vacation.**
(2)**The woman singing on the stage is my mother.**
(3)**She likes the hat designed by Taro.**
(4)**Do you know what Tim is cooking?**

4 (1)**to**
(2)**to London because of my father's job**
(3)**あなたは，いつあなたが去るのかを知っていますか。**
(4)**イ**

5 (1)**working** (2)**spoken** (3)**who wrote**
(4)**hospital is** (5)**why he**

6 (1)**This is the house (which was) built by my grandfather.**
(2)**I know when Tom is going to go to the U.S.**
(3)**The woman (who is) cooking in the kitchen is my sister.**
(4)**Can[Will] you tell me what your brother is studying[studies]?**

解説

1 (1) -ing 形の後置修飾が使われた文で，スミス先生がどこに立っているかが述べられている。

A：John, do you know the man standing near the door?
B：Yes, Liz. He is Mr. Smith.
A：Is he your teacher?
B：No, he is my sister's teacher.
Q：Where is Mr. Smith?

訳 A：ジョン，ドアの近くに立っている男性を知っている？
B：うん，リズ。彼はスミス先生だよ。
A：彼はあなたの先生なの？
B：いいえ，彼はぼくの姉[妹]の先生だよ。
質問：スミス先生はどこにいますか。

(2)間接疑問文の後の，ミナの応答に注意する。

ミナはケーキを誰が作ったのかを述べている。

A：Mina, do you know who made this cake?

B：Yes, Mike. My brother made it.

A：Oh, it looks delicious.

B：Let's eat it together!

Q：Who made the cake?

訳 A：ミナ，誰がこのケーキを作ったのか知っている？

B：うん，マイク。私の兄[弟]が作ったんだよ。

A：おお，それはとてもおいしそうに見えます。

B：それを一緒に食べましょう！

質問：誰(だれ)がケーキを作りましたか。

2 (1)「アイスクリームを食べている」を，-ing 形の後置修飾(しゅうしょく)として，that man の後に続ける。

(2) ミス注意!「なぜ～か」は why を使った間接疑問文で表すことができる。

(3)コートについて，「彼女の祖母によって作られた」という説明を付け加えている。動詞の過去分詞の後置修飾を使って表す。「～によって」は by で表す。

(4) a few ～で「少数の～」という意味。

(5) because of ～で「～の理由で，～が原因で」という意味。

(6) move to ～で「～に引っ越す」。

3 (1)間接疑問文なので，where you went という語順になる。

(2) -ing 形を使った後置修飾の文。stage は「舞台」。

(3) ミス注意!「タロウによってデザインされた」を動詞の過去分詞の後置修飾で表す。

(4)文全体は疑問文だが，what 以降は〈疑問詞＋主語＋動詞〉の語順になる。

4 (1) to を補って，have to ～「～しなければならない」の表現を作る。

(2) because of ～の後に名詞を置いて，理由や原因を表す。

(3)〈疑問詞＋主語＋動詞〉の語順を使った間接疑問文。

(4) at the beginning of ～で「～の初めに」という意味になる。

5 (1)関係代名詞を使った文を，-ing 形の後置修飾で表す。

(2)関係代名詞が省略された形の後置修飾を，動詞の過去分詞を使った後置修飾に書きかえる。

(3)文の意味を言いかえて，「誰がこの推理小説を書いたか」という意味の間接疑問文で表す。

(4) 1 文目の疑問文を，間接疑問として 2 文目に組み込む。

(5) 1 文目を間接疑問にすると，why he is sad という語順になることに注意する。

6 (1)「私の祖父によって建てられた」を built by my grandfather という英語で表し，the house を後置修飾する。

(2)疑問詞 when を使った間接疑問文。〈疑問詞＋主語＋動詞〉の語順になることに注意する。

(3) the woman の後ろに「台所で料理をしている」cooking in the kitchen を置き，後置修飾の文にする。

(4) ミス注意! Can[Will] you tell me の後に，間接疑問 what your brother is studying を続ける。

Unit 7 ～ Let's Read 3 ～ Unit 8

p.58 ～ p.59 テスト対策問題

1 (1)ア (2)イ

2 (1)**政府** (2)**突然，急に** (3)**～を過ごす** (4)**できるかぎりの** (5)**助けになる** (6)**～を受け入れる** (7)**within** (8)**bored** (9)**graduate** (10)**toward**

3 (1)**make，speech** (2)**full of[filled with]** (3)**built，fire** (4)**different from** (5)**keep，touch**

4 (1)ウ (2)ア (3)ウ (4)ア

5 (1)**お互いを尊重してお互いを理解しようとすることは大切です。**

(2)**お互いを尊重してお互いを理解しようとすることは大切だということ。**

(3)**would** (4)**to**

6 (1)**If I were rich, I would be very happy.**

(2)**If I had more time, I could visit the temple.**

7 (1)**I wish I could speak Chinese.**

(2)**I wish you were my sister.**

8 (1)**My mother told me what to buy.**

(2)**If I had enough money, I could buy the car.**

(3)**I wish you could drive.**

解説

1 (1) how to play the guitar「ギターのひき方」という語句の出てくる文に注意する。

A : Hi, Dan. Is that your guitar?

B : Hi, Yumi. No, it is my father's. He knows how to play the guitar, so I am learning from him.

A : Please play for me someday.

Q : Who knows how to play the guitar?

訳 A : やあ，ダン。それはあなたのギターなの？

B : やあ，ユミ。いいえ，ぼくの父のものだよ。彼はギターのひき方を知っているので，ぼくは彼から学んでいるんだ。

A : いつか私のためにひいてね。

質問 : 誰がギターのひき方を知っていますか。

(2)対話の中で，what to bring to school tomorrow「明日学校へ何を持って行ったらよいか」という表現を使って，ミナがケンに質問している。その質問へのケンの応答に注意する。

A : Hi, Ken. Do you know what to bring to school tomorrow?

B : Yes, Mina. We need to bring a ruler.

A : Oh, thank you.

Q : What do Ken and Mina have to bring to school tomorrow?

訳 A : やあ，ケン。明日学校へ何を持って行ったらよいか知っている？

B : はい，ミナ。ぼくたちは定規を持って行く必要があるよ。

A : ああ，ありがとう。

質問 : ケンとミナは明日学校へ何を持って行く必要がありますか。

2 (3) spend は時間やお金を使うことを表す。

(4) possible の s は 2 つ必要であることに注意する。

(6) accept の c は 2 つ必要であることに注意する。

3 (1) ミス注意!「スピーチをする」は make a speech。

(2) full は「いっぱいの」という意味。be full of ～で「～でいっぱいの」という意味。of もセットで覚える。

(3)「火を起こす」は build a fire。この場合，現在完了形の文なので，build を過去分詞 built にするのを忘れないようにする。

(4)「～と違っている」は be different from ～で表す。前置詞 from とあわせて覚える。

(5)「連絡を取り合う」は keep in touch。

4 すべて〈疑問詞＋to＋動詞の原形〉を使った文。

(1)「何を[が]～するか」は，〈what to＋動詞の原形〉。

(2) ミス注意!「～のしかた」は，〈how to＋動詞の原形〉。

(3)「いつ～するか」は，〈when to＋動詞の原形〉。

(4)「どこで[へ]～するか」は，〈where to＋動詞の原形〉。

5 (1)〈It is ～ (for 人)＋to＋動詞の原形〉を使った文。It は「それは」という意味を表すのではなく，to 以降の語句の意味を指し，仮の主語になっている。

(2)直前の文の内容を指す。

(3)仮定法の文では，if の後で動詞や助動詞の過去形を使う。will の過去形は would。

(4)空所の前後の語句がヒントになる。直後には動詞の原形 have がある。be going to ～で「～するつもりである，～しそうである」という意味。

6 if を使った現在についての仮定法の文では，動詞や助動詞を過去形にする。

(1) ミス注意! 主語が I の場合，am の過去形は通常 was だが，仮定法では were を用いることが多い。

(2) have の過去形は had で，can の過去形は could。

7 I wish に続く文で，動詞や助動詞の過去形を使う。

(1) can の過去形 could を使う。「中国語」は Chinese。

(2) I wish の後に you を主語にした文を続ける。be 動詞に were を用いる。

8 (1)「何を買ったらよいか」は what to buy で

表す。tell の過去形は told。

(2) if を使った仮定法の文。動詞を過去形にすることに注意する。have の過去形は had。

(3) ミス注意! I wish を使った仮定法の文。drive で「車を運転する」。

p.60～p.61 予想問題 ❶

1 ア

2 (1)イ (2)ア (3)イ (4)イ (5)イ (6)ア

3 (1)**what to** (2)**where to** (3)**how to**

4 (1)**wish I were better at playing the piano**

(2)**I were you, I would visit him right away**

(3)**tell me what to call this flower in English**

5 (1)**いつもの人々が全員ここにいます。**

(2)**ア** (3)**weren't** (4)**I wish I could stay.**

6 (1)**how to** (2)**were, could** (3)**he had**

(4)**could** (5)**what to**

7 (1)**I don't[do not] know how to open this box.**

(2)**If I had a lot of money, I would buy an expensive bike[bicycle].**

(3)**I wish I could speak French well.**

(4)**I wish there were many[a lot of / lots of] libraries in our town.[I wish our town had many[a lot of / lots of] libraries.]**

解説

1 ユウタが言っている仮定法の文がポイント。

A：Hello, Yuta. What are you doing?

B：Hello, Ms. Green. I am watching cars on the road. I wish I had a red car.

A：Yuta, you want a red car! You can buy one someday.

Q：What does Yuta want?

訳 A：こんにちは，ユウタ。何をしているのですか。

B：こんにちは，グリーン先生。私は道路の車を見ているのです。私が赤い車を持っていたらいいのに。

A：ユウタ，あなたは赤い車が欲しいのですね。いつか買えますよ。

質問：ユウタは何が欲しいのですか。

2 (1)現在についての仮定の内容を表す仮定法の文では，動詞や助動詞は過去形にする。

(2)(5)(6)仮定法の文に用いる be 動詞の過去形は，were を用いることが多い。

(3) have の過去形は had。

(4)「晴れた」という天候の状態は，sunny を使って表せる。

(6) take ～ to ... で「～を…へ連れていく，持っていく」という意味。

3 (1)「何を[が]～するか」は，〈what to＋動詞の原形〉。next は「次に」。

(2)「どこで[へ]～するか」は，〈where to＋動詞の原形〉。get off は「～から降りる」。

(3)「～のしかた」は〈how to＋動詞の原形〉。

4 (1)「もしも(今)～だったらいいのに」は I wish に続く文で，動詞や助動詞の過去形を使う。

(2)「もしも(今)～だったら，…だろうに」は if の後で動詞または助動詞の過去形を使って表す。

(3)「何と～するか」は〈what to＋動詞の原形〉という表現を使う。「英語で」は in English。

5 (1) face には「顔」という意味のほかに，「(～の)人」という意味がある。

(2) within は「～以内に[で]」という意味。on や of を入れても意味が通らない。

(3) I wish の文なので動詞は過去形にする。現在についての仮定法の文では，be 動詞の過去形に通常 were を使う。

(4)〈I wish＋主語＋(助)動詞の過去形〉の語順で表す。

6 (1)「動物園への道」を言いかえて，「動物園への行き方」という意味の英語で表す。

(2) ミス注意!「私は今忙しいので，あなたと外出することができない」を言いかえて，「私が今忙しくなかったら，あなたと外出できるのに」という意味の英語で表す。

(3)「彼が車を持っていないことが気の毒です」を言いかえて，「彼が車を持っていたらいいのに」という意味の英語で表す。

(4)「私の姉[妹]が上手に泳げないことが気の毒です」を言いかえて，「私の姉[妹]が上手に泳げたらいいのに」という意味の英語で表す。

(5)「私たちはここで何を学ぶべきですか」とい

う疑問文の意味を，〈what to＋動詞の原形〉を使って表す。

7 (1)「開け方」は how to open と表す。

(2)「たくさんのお金」は a lot of money，「高価な」は expensive。

(3)(4)〈I wish＋主語＋(助)動詞の過去形〉で表す。

p.62～p.63 予想問題 ❷

1 (1)**イ** (2)**イ**

2 (1)**bring, back** (2)**as if** (3)**willing to** (4)**do, best** (5)**feel down** (6)**truth, that**

3 (1)**how to** (2)**were, could** (3)**what to** (4)**were not**

4 (1)**私はただ子供で，全ての解決策を持っていません。**

(2)**I want you to realize** (3)**イ** (4)**grew**

5 (1)**he didn't know the fact, he would be happy**

(2)**My mother taught me how to play chess.**

(3)**I wish I could talk to that tennis player.**

(4)**I wish I could see the panda now.**

6 (1)**I wish I lived near your house [you].**

(2)**If you were here, I would help you.**

解説

1 (1)タクが〈what to＋動詞の原形〉を使って，何について話したいと言っているかがポイント。

Hello, I am Taku. I'd like to talk about what to do for the earth. Firstly, please do not throw away trash on the streets. Secondly, please turn off lights when you do not need them.

Q：What is Taku talking about?

訳 こんにちは，私はタクです。地球のために何をしたらよいかについて話したいと思います。第一に，通りでごみを捨てないでください。第二に，必要ないときは，明かりを消してください。

質問：タクは何について話していますか。

(2) If を使った仮定法の文で，エミリーが何をするであろうかが分かる。

Hello, I am Emily. I like fashion. If I had a lot of money, I would travel all over the world. I want to study fashion in many different countries.

Q：If Emily had a lot of money, what would she do?

訳 こんにちは，私はエミリーです。私はファッションが好きです。もし私がたくさんのお金を持っていたら，私は世界中を旅行するでしょう。私はたくさんの異なる国でファッションを勉強したいのです。

質問：もしエミリーがたくさんのお金を持っていたら，彼女は何をするでしょうか。

2 (1)「～を(元の状態に)戻す」は bring ～ back。

(2)「まるで～であるかのように」は as if ～。

(3)「～するのをいとわない」は be willing to～。

(4)「最善を尽くす」は do the best。

(5)「落ち込む」は feel down。

(6)「実は～である」は The truth is (that) ～。

3 (1) get to ～は「～に着く」。

(2) ミス注意! 事実を述べた否定文の表す状況を，仮定法を使って言いかえる。

(3)〈what to＋動詞の原形〉を使って表す。

(4) I wish が書かれているので，「私の母が今忙しくなければいいのに」という意味になるように空所をうめる。

4 (1) only は「ただ～だけ」という意味。

(2) want ～ to ... で「～に…して欲しい」という意味を表す。

(3)「～のしかた」は，〈how to＋動詞の原形〉。

(4) grow の過去形は grew。

5 (1)現在についての仮定の内容を表す文なので，一般(いっぱん)動詞の否定文で過去形 didn't を用いる。

(2) ミス注意! 〈how to＋動詞の原形〉を使って，how to play chess で「チェスのしかた」という意味を表す。

(3) talk to ～で「～に話しかける」。

6 (1) I wish を使った仮定法の文。live を過去形 lived とする。

(2)「もしあなたがここにいたら」という現在についての仮定の内容は，be 動詞に were を使って表す。

6 5 4 3 2 1
D C B A